民國歷史與文化研究

二 編

第 **24** 冊

蘇北歌謠研究（第四冊）

馮翠珍 著

花木蘭文化出版社

國家圖書館出版品預行編目資料

蘇北歌謠研究（第四冊）／馮翠珍 著 -- 初版 -- 新北市：花木
蘭文化出版社，2015〔民104〕
目 6+152 面；19×26 公分
（民國歷史與文化研究 二編；第24冊）
ISBN 978-986-404-426-9（精裝）

1. 民謠 2. 中國

628.08　　　　　　　　　　　　　　　　　104012470

ISBN- 978-986-404-426-9

9 789864 044269

民國歷史與文化研究
二 編　第二四冊　　　　　　　ISBN：978-986-404-426-9

蘇北歌謠研究（第四冊）

作　　者　馮翠珍
總 編 輯　杜潔祥
副總編輯　楊嘉樂
編　　輯　許郁翎
出　　版　花木蘭文化出版社
社　　長　高小娟
聯絡地址　235 新北市中和區中安街七二號十三樓
　　　　　電話：02-2923-1455／傳眞：02-2923-1452
網　　址　http://www.huamulan.tw 信箱 hml 810518@gmail.com
印　　刷　普羅文化出版廣告事業
初　　版　2015 年 9 月
全書字數　506702 字
定　　價　二編 24 冊（精裝）台幣 45,000 元

蘇北歌謠研究（第四冊）

馮翠珍　著

目

次

附表

總量編號	地方編號	分類編號	類別	原分類	歌謠名（＊為代表歌謠）	原出處	主旨	形式	備註	異文
1	1	1	勞動歌		微山湖夯歌	銅山縣	築堤夯歌	夯歌		
2	2	1	時政歌	歷史傳說歌	蘇北民歌	銅山縣	讚頌共黨當政的德政			
3	3	2	時政歌		恨蔣歌	銅山縣	正月至六月恨蔣	十二月令		
4	4	3	時政歌		踢得好咂得對	銅山縣	批評革委會			
5	5	4	時政歌		拉拉秧	銅山縣	權貴之惡			
6	6	5	時政歌		拖拉機來耕荒	銅山縣	權貴之惡			
7	7		時政歌		解放軍扛大砲	銅山縣	淮海戰役路線			
8	8	6	時政歌		送郎參軍	銅山縣	李玉蓮役軍報國	小五更		
9	9	7	時政歌		白軍嘆	銅山縣	當兵之苦	十二月令	1.龍抬頭；2.以大米白麵為富裕生活的表徵及期盼	
10	10	8	時政歌		俺要參加八路軍	銅山縣	（如題）			
11	11	9	時政歌		八路軍員勇敢	銅山縣	（如題）			
12	12	10	時政歌		抗日求生存	銅山縣	恨日正月至六月	十二月令	1.龍抬頭；2.日軍「三光」政策	
13	13	11	時政歌		蔣匪剿俺家	銅山縣	蔣軍剿八路軍	歌白問答		

總量編號	地方編號	分類編號	類　別	原分類	歌　謠　名（＊為代表歌謠）	原出處	主　　旨	形　式	備　　註	異　文
14	14	12	時政歌		八勸	銅山縣	將參軍與家人——告別	八段分述		
15	15	13	時政歌		月兒漸漸高	銅山縣	隨解放游擊隊抗日	歌白問答		
16	16	14	時政歌		紅纓槍	銅山縣	攻擊日軍	童謠		
17	17	15	時政歌		小包車來調查	銅山縣	民生物質狀況改變	前後兩首合錄	美美苗是野菜	
18	18	16	時政歌		頌黨恩	銅山縣	共黨對農民的德政			
19	19	17	時政歌		大河流水	銅山縣	感念共黨德政	以興起頭		
20	20	18	時政歌		鄉親喜歡八路軍	銅山縣	國共軍團不同風格			
21	21	19	時政歌		孤獨老人添福氣	銅山縣	敬老院照顧獨身老人			
22	22	20	時政歌		人人誇讚政策好	銅山縣	頌揚新政	以農業豐收為證		
23	23	21	時政歌		如今有了婚姻法	銅山縣	實施婚姻法避免買賣婚			
24	24	22	時政歌		窮人翻身得解放	銅山縣	期待共產黨打倒地主以得翻身			
25	25	23	時政歌		土改隊下鄉來	銅山縣				
26	26	24	時政歌		政策定了民心安	銅山縣	（如題）			
27	27	25	時政歌		黨的政策照九州	銅山縣	歌頌共產黨政策致使豐收	以農業豐收為證		
28	28	26	時政歌		除非良心餓了狗	銅山縣	歌頌共產黨政策致使農物質生活好轉		以大米白麵為富裕生活的表徵	
29	29	27	時政歌		眾位姐妹們	銅山縣	讚揚共產主義使女性從舊婚姻制度下翻身			
30	30	28	時政歌		多虧了救命恩人共產黨	銅山縣	讚揚共產黨使人民成家立業			
31	31	29	時政歌		張得寶參軍	銅山縣	妻子勸夫安心從軍，先抗日再奪權			

總量編號	地方編號	分類編號	類別	原分類	歌謠名（＊為代表歌謠）	原出處	主旨	形式	備註	異文
32	32	30	時政歌		翻身不忘解放軍	銅山縣	婦女地位因共產黨而提昇		提及婦女解放及纏足	
33	33	31	時政歌		調軍歌	銅山縣	自願被徵調前往抗日			
34	34	32	時政歌		抗戰不是爲自己	銅山縣	女性也應上前線抗日			
35	35	33	時政歌		大家快支前	銅山縣	鼓勵百姓一同上前援軍			
36	36	34	時政歌		抗日小調	銅山縣	強調抗日及共德軍對抗日愛民的特質			
37	37	35	時政歌		「不」字歌	銅山縣	強調共黨對社會基礎建設完善，改進人民生活	以農業豐收爲證		
38	38	36	時政歌		提起「四二」年	銅山縣	記錄1942年天災、人禍及難民流向		可參查河南省開封一帶民歌作爲比較	
39	39	37	時政歌		婦女翻了身	銅山縣	婦女地位因共產黨而提昇			〈翻身不忘解放軍〉
40	40	38	時政歌		援朝鮮	銅山縣	說明韓戰期間抗美援朝的理由，鼓舞人民援朝參加援朝之戰			
41	41	39	時政歌		賣餃子	銅山縣	藉男女對歌表達出抗日時期的生活及抗日情況		1.中國人對亡者的寬容；2.對尋常小吃（餃子）的介紹	
42	42	40	時政歌		放足歌	銅山縣	倡導放足		南北方對纏足不同的民風	
43	43	41	時政歌		趙家橋	銅山縣	形容江庄鄉趙家橋地區生活貧困的狀況。		再次提及芙芙苗	
44	44	42	時政歌		勤務兵	銅山縣	描述勤務兵表面風光，實則辛苦卑微的生活實態。			
45	45	43	時政歌		貧富謠	銅山縣	社會上嫌貧愛富、錦上添花的勢利情狀			

總量編號	地方編號	分類編號	類別	原分類	歌謠名（＊為代表歌謠）	原出處	主旨	形式	備註	異文
46	46	44	時政歌		李成田	銅山縣	描寫對地方瞭若指掌的父母官		對比官箴	
47	47	45	時政歌		耿聾子（2首）	銅山縣	國民政府時期銅山縣長耿繼勛的惡行惡狀			
48	48	46	時政歌	童謠	爸爸媽媽笑哈哈	銅山縣	讚揚共黨水利政策			
49	49	47	時政歌	童謠	小日本心發慌	銅山縣	讚頌八路軍抗日英勇令日軍害怕			
50	50	48	時政歌	童謠	迷路	銅山縣	寫大黃山地區市容街景的改變			
51	51	49	時政歌	童謠	豌豆花	銅山縣	家庭加入共黨組織之歌			
52	52	50	時政歌	童謠	小日本提涼水	銅山縣	詛咒日軍軍事不順最後歸西			邵縣〈小日本賣涼粉〉、〈抗日歌謠6〉
53	53	1	儀式歌	勞動歌	上樑	銅山縣	祈祝上樑			
54	54	2	儀式歌		上樑歌	銅山縣				
55	55	3	儀式歌		隔山照	銅山縣	用於失神、失魂時，如咒語般念催魂歸附體			
56	56	4	儀式歌		小兒夜哭（2首）	銅山縣	對治嬰孩夜夜哭		「天黃地綠，小兒夜哭。君子念破，睡到日出。」「天皇皇、地皇皇，……」	
57	57	5	儀式歌		八過歌	銅山縣	祈求時令正常順利。			
58	58	6	儀式歌		二十四節氣歌	銅山縣	藉由節氣歌指導民眾相應的農業知識。	節氣歌		
59	59	7	儀式歌		十杯酒1	銅山縣	新婚時以數字從一到十的祝福酒令	從一到十		
60	60	8	儀式歌		十杯酒2	銅山縣	新婚時專以祝福新人恩愛白頭的祝福酒令。	從一到十		

總量編號	地方編號	分類編號	類 別	原分類	歌 謠 名（＊為代表歌謠）	原出處	主 旨	形 式	備 註	異 文
61	61	9	儀式歌		十杯酒 4	銅山縣	新婚時事以傳說故事人物來祝福新人恩愛白頭的祝福酒令。	從一到十		
62	62	10	儀式歌		送房歌	銅山縣	送新人入洞房時的應對歌謠。			
63	63	11	儀式歌		迎面麩	銅山縣	用於新娘下轎後撒麥麩在頭上時歌。			
64	64	12	儀式歌		撒帳歌 1	銅山縣	新人送入洞房在洗床上坐定後，將穀類撒在帳上時所唱的儀式歌		紅綵顛倒、倒倒顛	
65	65	13	儀式歌		撒帳歌 2	銅山縣	（同上）			
66	66	14	儀式歌		撒帳歌 3	銅山縣	以祈祝子嗣昌旺為主要內容的撒帳歌			
67	67	15	儀式歌		＊撒帳歌 4	銅山縣	從下轎至撒帳。歌內可見蘇北人強悍性格及婚俗。		紅綵顛倒、倒倒顛	
68	68	16	儀式歌		看新人歌	銅山縣	可見民俗 1.對美女的定義；2.喜服的樣式；3.纏足之俗仍可見於蘇北			
69	69	17	儀式歌		要果子歌	銅山縣	送房歌。可見 1.強悍；2.實際；3.圓融等蘇北性格。			
70	70	18	儀式歌		鬧房歌	銅山縣	儀式時扯謔用，如兒歌謠。			
71	71	19	儀式歌		壯膽歌	銅山縣	獨行時扯膽用。可見蘇北示弱的強悍性格。			
72	72	20	儀式歌		＊扇子歌	銅山縣	提醒亡者使用扇子			做為處理扇子的儀式

總量編號	地方編號	分類編號	類別	原分類	歌謠名（*為代表歌謠）	原出處	主旨	形式	備註	異文
73	73	21	儀式歌		石榴開花滿樹紅	銅山縣	從軍者告別家人歌。特別告誡妻子。			
74	74	22	儀式歌		腰王號子	銅山縣	抬棺離地所用的號子			
75	75	23	情歌		十二恨	銅山縣	恨末能及時婚嫁、迫切渴望婚姻生活的情歌。		1.分十二個項目埋怨	睡鞋〈十二恨〉
76	76	1	情歌		奴待你哪點不周全	銅山縣	恨情郎變心、強烈質問情郎		敢愛敢恨	
77	77	2	情歌		一只花船	銅山縣	情歌，男女對唱，可見出對蘇北女子性格的形容		1.紅綾顛顛倒、倒倒顛；2.俏皮活潑	
78	78	3	情歌		小二姐做夢	銅山縣	女子夢見出嫁的歌謠			
79	79	4	情歌		二十四節氣歌	銅山縣	藉由二十四節氣唱出女子思夫的哀傷	依節氣歌	啞吃黃柏苦自知	
80	80	5	情歌		盼郎誦	銅山縣	女子思念出外丈夫之歌，歌中女子性格剛烈	依十二月歌	敢愛敢恨，性格強烈	
81	81	6	情歌		十二月	銅山縣	女子思念出外抗戰的丈夫	依十二月歌		
82	82	7	情歌		新情歌	銅山縣	望情人解放台灣的情歌			
83	83	8	情歌		牛邊詞	銅山縣	以「牛」為題，寫孤單女子無法盈懷的憂傷。	後半依節氣歌	1.與二十四節氣歌多處重覆；2.洛得啞吃黃柏苦自知；3.每段結束前的長句以口語呈現，格外動人	
84	84	9	情歌		小姐想郎歌	銅山縣	以盼槐花開起興，盼望情郎來		與「槐花槐花幾時開」類似	
85	85	10	情歌		小大姐	銅山縣	適婚少女期盼姻緣的俏皮情歌			

總量編號	地方編號	分類編號	類別	原分類	歌謠名（＊為代表歌謠）	原出處	主旨	形式	備註	異文
86	86	11	情歌		情哥情妹情意長	銅山縣	兩不能結合男女的悲傷故事情歌	歌分九段敘述故事	童養媳	
87	87	12	情歌		情歌兩首	銅山縣	以風箏與石灰泥水比喻相愛男女的不可分離			
88	88	13	情歌		妹妹開河哥修橋	銅山縣	以橋與河水的關係比喻相愛男女的關係			
89	89	14	情歌		根根連著妹和哥	銅山縣	以蜘蛛與蠟物比擬男女雙方的無可分離			
90	90	15	情歌		井台	銅山縣	以打水帶出情意			
91	91	16	情歌		送郎	銅山縣	女子送郎君遠征	四送調		
92	92	17	情歌		送郎歌	銅山縣	妻子殷殷叮囑出征丈夫在外生活應注意的事	四送調		
93	93	18	情歌		送情郎	銅山縣	妻子送丈夫離家遠行前的送行歌	四送調	一沼	
94	94	19	情歌		送情郎2	銅山縣	以百花為題反襯離別的哀傷	四送調	心比黃蓮還要苦	
95	95	20	情歌		送郎哥	銅山縣	妻子送丈夫離家抗戰的送行歌	四送調	下點雨留留我的郎、多過一分鐘	
96	96	21	情歌		送郎2	銅山縣	以各種比喻與情郎送別、也有反襯	四送調	並蒂蓮、蜜蜂採野花、磐石心堅	
97	97	22	情歌		送郎參軍	銅山縣	妻子送丈夫參加新四軍抗日時種種的離別勉勵作。	四送調		
98	98	23	情歌		勸郎參軍	銅山縣	夫妻臨別，妻子勸丈夫一心參軍報效國家	五更小調	各段皆以各更天色為始	
99	99	24	情歌		姐兒房中悶沉沉	銅山縣	情人各自嫁娶的分手歌		直表樂觀、熱情俏皮的分手歌	

總量編號	地方編號	分類編號	類別	原分類	歌謠名（＊為代表歌謠）	原出處	主旨	形式	備註	異文
100	100	25	情歌		四月調情	銅山縣	男女調情	一到四月	女子頗有主見，性格強烈	
101	101	26	情歌		夫妻哭五更	銅山縣	因荒年要賣妻求存，夫妻兩臨別悲歌。	小五更		
102	102	27	生活歌		＊哭五更	銅山縣	女子哭歌丈夫被國民政府徵調從軍。	哭五更	各段皆以各更天色為始	
103	103	1	生活歌		童養媳	銅山縣	述說童養媳生活的悲哀		1.兒化音結尾 2.「喝的剩湯照人影兒」形容湯溝無料	
104	104	2	生活歌		＊寡婦上墳	銅山縣	寡婦上墳向夫哭訴寡居難活，決意他嫁			
105	105	3	生活歌		＊光棍哭妻1	銅山縣	光棍哭妻	十二月令	1.拄哀棍；2.固定結尾	
106	106	4	生活歌		十二月光棍歌	銅山縣	光棍喪妻，無子望了	十二月令		
107	107	5	生活歌		光棍哭妻2	銅山縣	光棍哭妻	十二月令	固定結尾	
108	108	6	生活歌		親娘晚娘不一樣	銅山縣	少年埋怨繼母惡毒，思念親娘的生活歌			
109	109	7	生活歌		十大勸	銅山縣	勸世歌：孝、友、諒、勤、忘、誠、緩、莫往、莫賭、莫濫飲			
110	110	8	生活歌		勸紅妝	銅山縣	用以教育未婚女子婚後種種應注意事項的教育歌			
111	111	9	生活歌		納鞋墊	銅山縣	女子自縫鞋			
112	112	10	生活歌		石榴樹開紅花	銅山縣	以繡花架為嫁收，以期賺錢發家。			
113	113	11	生活歌		嬤嬤教女	銅山縣	勸紅妝異文			
114	114	12	生活歌		繡花燈	銅山縣	藉繡花燈唱出歷代名人事蹟	十二月令		

總量編號	地方編號	分類編號	類別	原分類	歌謠名（＊為代表歌謠）	原出處	主旨	形式	備註	異文
115	115	13	生活歌		十二月	銅山縣	分十二個月唱出歷史傳說名人故事。	十二月令		
116	116	14	生活歌		大姐二姐拾棉花	銅山縣	兩個未婚女子對未來兒女的白日夢			
117	117	15	生活歌		小兩口爭燈	銅山縣	小夫妻問答武趣味歌	問答歌		
118	118	16	生活歌		王大姐賣鞋	銅山縣	介紹縫鞋手藝、同時說明女子理想的夫家。	問答歌		
119	119	17	生活歌		紅硫硈	銅山縣	新婦嫁人、凡事問公婆的定理。			
120	120	18	生活歌		韭菜根	銅山縣	女子憶母恩更兼挨婚後不比在家當小姐的苦			
121	121	19	生活歌		五更調	銅山縣	游擊隊利用五更進攻日軍陣營、殺退敵軍的經過。	五更小調		
122	122	20	生活歌	勞動歌	大頜歌	銅山縣	長工之苦			
123	123	21	生活歌	勞動歌	長工苦	銅山縣	長工苦			
124	124	22	生活歌	勞動歌	麥黃饑得臉兒黃	銅山縣	佃農苦			
125	125	23	生活歌	勞動歌	今年巴著來年好	銅山縣	佃農苦			
126	126	24	生活歌	勞動歌	老牛教子	銅山縣	教子歌		或可做「勸世歌」	
127	127	25	生活歌	童謠	親娘與晚娘	銅山縣	哀嘆親娘不在受晚娘苦的悲歌		以「小麥芒、滿地黃」為始	睢寧〈小白菜〉、銅山縣〈親娘晚娘不一樣〉
128	128	26	生活歌	童謠	苦命歌	銅山縣	埋怨嫁錯人家的悲歌		怨親娘狠心把自己嫁入惡毒家庭	
129	129	27	生活歌	童謠	羊蹄子棵	銅山縣	描寫荒年生民恐懼被強劫的歌謠		「大人小孩爭著嗱，聽說狼來了，脫下褲子佲蓋鍋」	

總量編號	地方編號	分類編號	類別	原分類	歌謠名（＊為代表歌謠）	原出處	主旨	形式	備註	異文
130	130	28	生活歌	雜歌	扒斗歌	銅山縣	寫佃農交租給地主，斗斗血淚			
131	131	29	生活歌	雜歌	誰家閨女不想娘 1	銅山縣	娘想閨女		閨女想娘還好過，娘想閨女哭一場	
132	132	30	生活歌	雜歌	誰家閨女不想娘 2	銅山縣	閨女想娘與丈夫		想走娘來還好過，想走丈夫哭一場	
133	133	31	歷史傳說歌		頌賢良	銅山縣	數數兒歌頌賢良	1~19、28	歌中人物事蹟多為各歌類匯用。	
134	134	1	歷史傳說歌		李存孝大戰王彥章	銅山縣	如題			
135	135	2	歷史傳說歌		胡迪留詩	銅山縣	胡迪以詩預示岳飛與秦檜的故事			
136	136	3	歷史傳說歌	情歌	十八里相送	銅山縣	梁山伯與祝英台故事蘇北版			
137	137	4	歷史傳說歌	儀式歌	十杯酒 3	銅山縣	宴飲時強調死生情誼的數字酒令	十杯酒		
138	138	5	歷史傳說歌	儀式歌	十杯酒 5	銅山縣	飲酒歌，主要歌讚英雄人物	十杯酒		
139	139	6	歷史傳說歌		說古論今	銅山縣	由天地渾沌、盤古開天闢地直到中共奪得政權、建立中華人民共和國			
140	140	7	歷史傳說歌	雜歌	小放牛	銅山縣	以歷史傳說故事為內容的問答歌	1.問答歌；2.男女對唱		邵縣、雎寧皆有同名歌謠
141	141	8	童謠	勞動歌	摘梅豆	銅山縣	講述地理與植物		童家歌	
142	142	1	童謠		對花瓶 1	銅山縣	小女孩遊戲時所唱的歌謠	4 人	應歌詞作動作	
143	143	2	童謠		對花瓶 2	銅山縣	小女孩遊戲時所唱的歌謠	5 人	應歌詞作動作	

總量編號	地方編號	類別	分類編號	原分類	歌謠名（＊為代表歌謠）	原出處	主旨	形式	備註	異文
144	144	童謠	3		對花瓶3	銅山縣	小女孩遊戲時所唱的歌謠		應歌詞作動作	
145	145	童謠	4		小兒戰鬥歌	銅山縣	兒童假想殺抗日軍的遊戲童謠			
146	146	童謠	5		打瓦歌（三組）	銅山縣	兒童於打瓦片遊戲時，假想殺抗日軍的遊戲童謠			
147	147	童謠	6		拍豆角	銅山縣	兒童遊戲時所唱的數兒歌。	數字諧音歌		
148	148	童謠	7		月姥娘‧八支高	銅山縣	廚房中的生活兒歌	頂真童謠		睢寧、邳縣皆有同名歌謠，唯睢寧童謠版本較短似有缺
149	149	童謠	8	時政歌	梧桐樹葉子稀	銅山縣	娶妻忘娘		參見「花喜鵲兒尾巴長」一歌	
150	150	童謠	9		挑人歌四首	銅山縣	點唱挑人			
151	151	童謠	10		澆花	銅山縣	廚房中的生活兒歌			
152	152	童謠	11		女孩兒拾布袋袋	銅山縣	丟拋時的唱念兒歌，一到十的數數歌		用碎布縫成小袋，內裝穀物或淨用石蛋），女孩子用巧妙的手法將此袋拋上拋下做遊戲	邳縣〈拾子歌〉
153	153	童謠	12		磨大刀殺小孩	銅山縣	吆喝同伴加入遊戲的驚悚兒歌			
154	154	童謠	13		拾子歌1	銅山縣	丟拋時的唱念兒歌		部份內容綜合其他兒歌	邳縣〈拾子歌〉、〈女孩兒拾布袋〉
155	155	童謠	14		拾子歌2	銅山縣	丟拋時的唱念兒歌			

總量編號	地方編號	分類編號	類別	原分類	歌謠名（＊為代表歌謠）	原出處	主旨	形式	備註	異文
156	156	15	童謠		琉璃蹦蹦搭戲台	銅山縣	歌中以家庭關係為主體，嘲諷姑嫂關係中嫂嫂的小心眼		1.琉璃蹦蹦：一種用玻璃吹製成的易碎的兒童玩具，用嘴吹能發出叩\叭的聲音 2.這種歌是幾個小孩圍成一個圓圈，一隻腳著地，另一隻腳抬起互相交叉又掤在一起一面拍手一面唱，著地的腳不停跳著移動。這個遊戲因為不能持續太久，就像玩琉璃蹦蹦一樣。	
157	157	16	童謠		十開花	銅山縣	十中花卉開花的特色為主題，一問一答，從一到十，以數字押韻讓花的特徵	十杯酒		
158	158	17	童謠		賣鎖歌	銅山縣	兒童以人際關係為題的兒歌			
159	159	18	童謠		牆頭草	銅山縣	兒童想像中可以享福的美好婚姻生活			
160	160	19	童謠		小大姐你甭笑	銅山縣	以出嫁為打趣主題的童謠			
161	161	20	童謠		小白雞	銅山縣	以廚房食材為主題的誇張童謠	頂真童謠		
162	162	21	童謠		一打鐵，二打鋼	銅山縣	以鐵匠為主題的工作童謠，從一數到十	十杯酒		
163	163	22	童謠		新年到	銅山縣	新年的歡喜兒歌			
164	164	23	童謠		黃毛丫去賣花	銅山縣	回姥姥家的廚房生活兒歌，旁及介紹家畜功用		提及家畜有：鵝、羊、牛、驢、貓、鴨、豬	

總量編號	地方編號	分類編號	類別	原分類	歌謠名（＊為代表歌謠）	原出處	主旨	形式	備註	異文
165	165	24	童謠		小白雞2	銅山縣	抒發無母兒童處處受氣的兒歌			
166	166	25	童謠		拐棍	銅山縣	以數字及老年生涯為主題打趣的童謠	十杯酒	說到美食無人在乎親人：烙油餅、捲雞蛋、大口吃，狠命咽，急得奶奶瞪眼。	
167	167	26	童謠		老鼠偷油	銅山縣	打趣老鼠貪心偷油吃最後淹死			
168	168	27	童謠		小老鼠，爬燈台	銅山縣	打趣老鼠與貓矛盾關係的童謠			睢寧〈小老鼠上燈臺〉
169	169	28	童謠		小豆芽，彎彎鉤	銅山縣	打趣矜子小心眼的童謠		尾句或有「俺娘罵於子漢精」	邳縣〈小豆芽〉
170	170	29	童謠		唐僧取經	銅山縣	以《西遊記》故事人物為主題的特色兒歌	頂真修辭		睢寧〈唐僧騎馬蹬蹬蹬〉
171	171	30	童謠		小棗樹，搭拉枝	銅山縣	以剪紙為主題的生活兒歌			邳縣〈張家娶個小巧人〉
172	172	31	童謠		小老鼠爬燈檯	銅山縣	打趣老鼠遭遇的生活兒歌			
173	173	32	童謠		小板凳	銅山縣	廚房中的生活兒歌		「吃個肚子粗巴著，不串門子怎麼著」亦出現在〈小花貓〉	
174	174	33	童謠		鐮刀頭彎一彎	銅山縣	成家童謠			
175	175	34	童謠		小紅孩	銅山縣	嘲笑鯀夫廚房生活不便	問答歌	兩者結尾不同，睢寧較具押韻趣味	睢寧〈小紅孩，拎竹籃〉
176	176	35	童謠		連申話清謎	銅山縣	依邏輯推理清謎歌			睢寧〈推謎〉
177	177	36	童謠		老大買馬老二騎	銅山縣	打趣五子登科的音圖兒衍生而成的歌		這首兒歌是根據民間年關貼的門神－五子登科－上的人物，經長期流傳所成	

總量編號	地方編號	分類編號	類別	原分類	歌謠名（＊為代表歌謠）	原出處	主旨	形式	備註	異文
178	178	37	童謠		小馬杌，十二層	銅山縣	以出嫁女兒與回娘家關係為主題的兒歌		銅山：「有咱娘，來兩趟；魚俺多娘來一趟，魚俺不占來」	睢寧〈小瓦屋，十二層〉
179	179	38	童謠		老母豬溜河涯	銅山縣	警示大眾注意日軍行動的歌謠		1.河涯：河沿、河邊之意。2.1938年日本進入中國後在沿湖地區民間開始流傳	
180	180	39	童謠		香杞茶	銅山縣	以夫妻吵架為打趣主題的兒歌			
181	181	40	童謠		小鞭梢	銅山縣	調戲新嫁少婦卻被警告的打趣兒歌			
182	182	41	童謠		小大姐，走婆家	銅山縣	打趣未來新娘受婆家嬌寵的兒歌			
183	183	42	童謠		娶了媳婦忘了娘	銅山縣	娶妻忘娘			邳縣、睢寧皆有同名歌；另銅山有〈梧桐樹，葉子稠〉較完整
184	184	43	童謠		拉拉	銅山縣	生活中的飲食童謠		此謠是大人逗孩子時唱的。大人攥著小孩的手一面推拉一面唱，唱到最後一句時，推拉動作加快，並重復最後一句，直到把小孩逗笑為止。	
185	185	44	童謠		一顆星	銅山縣	看天上星星的童謠			
186	186	45	童謠		小紅孩（2）	銅山縣	兒童模擬抗日戰爭歌			睢寧〈小紅孩，扛紅槍〉
187	187	46	童謠		小大姐才十六	銅山縣	小女孩敬親的廚房兒歌		歌謠邏輯較睢寧異文清楚，磨豆麵敬母	
188	188	47	童謠		月姥娘，亮堂堂（1）	銅山縣	婚姻生活的廚房兒歌，記錄媳婦難為，公婆打罵			

總量編號	地方編號	分類編號	類別	原分類	歌謠名（＊為代表歌謠）	原出處	主旨	形式	備註	異文
189	189	48	童謠		月姥娘，亮堂堂(2)	銅山縣	婚姻生活的廚房兒歌，記錄媳婦難為，妯娌挑釁			〈月姥娘，亮堂堂(1)〉
190	190	49	童謠		騎白馬，帶大刀	銅山縣	戰爭出征的纏綿兒歌			
191	191	50	童謠		小大姐才十一	銅山縣	小女孩敬親的廚房兒歌		「麥角花我家好幹啥？給娘壓咳嗽」	〈小大姐十六〉
192	192	51	童謠		豌豆開花	銅山縣	〈摽有梅〉兒歌版?			
193	193	52	童謠		一炸一煙缸	銅山縣	調戲女孩的娶妻兒歌		「大姐大姐別生氣，明天拉車來接你」	
194	194	53	童謠		小花貓	銅山縣	描寫小貓日常動作的兒歌			邳縣〈小花貓〉
195	195	54	童謠		小巴（兒）狗	銅山縣	寫生活困苦、兒童饑哭的歌			
196	196	55	童謠		毛地梨	銅山縣	寫毛地梨特色的歌謠			
197	197	56	童謠		小紅車	銅山縣	寫豐年與類桃太郎傳說的兒歌			
198	198	57	童謠		花老鴰白脖子	銅山縣	打趣新娘的外貌長相與身材		「胸又小，臉又白：兩個媽媽打油錘」	邳縣〈小白雞〉
199	199	58	童謠		月姥娘，跟我走	銅山縣	與月亮為友的想像兒歌			
200	200	59	童謠		月姥娘長長	銅山縣	反常理的顛倒兒歌	顛倒歌	月姥娘長長→圓羊→狼；塔子看著→瞎；欄子攔上→欄；啞巴叫→晚上→啞	
201	201	60	童謠		小蜾蚌歌	銅山縣	節錄邳縣〈百草蟲吊孝〉			邳縣〈百草蟲吊孝〉、〈吊孝歌〉
202	202	61	童謠		犍大姐	銅山縣	打趣蠢媳婦有娘家撐著，不怕婆家欺負的兒歌		娘家強勢；大姐傻氣	

總量編號	地方編號	分類編號	類別	原分類	歌謠名（＊為代表歌謠）	原出處	主旨	形式	備註	異文
203	203	62	童謠		小板凳（1）	銅山縣	小孩的遊戲歌	頂真	逮小兒→摘葡萄→摸媽咋→沒有用	
204	204	63	童謠		俪妞對針歌	銅山縣	從收聘到出嫁及至打點人際關係的生活兒歌			睢寧〈小大姐，小二姐〉
205	205	64	童謠		小板凳（2）	銅山縣	節奏與小板凳（1）同，繞口令兒歌		「小板凳歪，上面坐個乖乖」	
206	206	65	童謠		拾棉花	銅山縣	從採棉到織布裁衣的勞動兒歌			邳縣勞動歌〈種棉歌〉
207	207	66	童謠		顛倒歌	邳縣	將所有事理及生活日常事物的因果關係顛倒	顛倒歌		邳縣〈顛倒歌〉
208	208	67	童謠		小孩小孩還怪好	銅山縣	頂真因果歌		全歌形式「＊還怪好，就怕＊＊了」	
209	209	68	童謠		繞口令	銅山縣	西服遊西湖	繞口令		
210	210	69	童謠		繞口令2	銅山縣	老顧遇老杜	繞口令		
211	211	70	童謠		外行不能充内行	銅山縣	一蓬會換工	繞口令	故事繞口令	
212	212	71	童謠		催眠歌1	銅山縣	哄嬰睡眠歌			
213	213	72	童謠		催眠歌2	銅山縣	孩兒吃裹娘吃＊			
214	214	73	童謠		催眠歌3	銅山縣	娃娃與娘		「娃娃＊嘍，娘＊＊嘍」	
215	215	74	童謠		懶老婆	銅山縣	嘲諷醉漢糊塗圖懶婦人懶貪的兒歌			
216	216	75	童謠		小白雞嘎啦	銅山縣	慶賀婦女新生兒			
217	217	76	童謠		小蜜蜂	銅山縣	以小蜜蜂比喻四處留情的男子，到了又見人家見到心愛女子卻無錢可娶		「小蜜蜂，溜河涯，一去三年不回來，不是蜜蜂送了路，蜜蜂家後抹花玩」	
218	218	77	童謠		尿床女婿	銅山縣	以童養媳的尿床女婿為打趣對象			

總量編號	地方編號	分類編號	類別	原分類	歌謠名（＊為代表歌謠）	原出處	主旨	形式	備註	異文
219	219	78	童謠		拉大鋸，拉大槐	銅山縣	反映逃荒悲苦的兒歌			睢寧有同名兒歌，但內容不同
220	220	79	童謠		大雁往南飛	銅山縣	見大雁飛所唱的兒歌		1.較睢寧縣本多了：「大雁大雁飛不齊，到家死您小年年」2.類似預示兒歌	睢寧〈大雁大雁擺不齊〉
221	221	80	童謠		八路軍打仗員勇敢	銅山縣	歌頌八路軍英勇打日軍的兒歌			
222	222	81	童謠		小花雞	銅山縣	嘲諷花心男子四處留情的兒歌，內有多種花名，可為童蒙歌			
223	223	82	童謠		哄孩謠	銅山縣	以白麵疙瘩為始的哄孩歌		內容與〈儞妞對歌〉部份類似	
224	224	83	童謠		喜鵲喜鵲叫喳喳	銅山縣	規勸人勿好吃懶做的兒歌，具教育意味		「花子花子坐下，仔細聽我一番話。年紀輕輕不做我？要飯能過一生嗎？」	
225	225	84	童謠		你爸幹八路	銅山縣	嘆八路軍辛苦		「小孩小孩別哭」	
226	226	85	童謠		抗日歌謠	銅山縣	以抗日為主題的兒歌			
227	227	86	童謠		小竹竿	銅山縣	以小竹竿當槍的模擬戰爭兒歌			
228	228	87	童謠		窩窩頭歌	銅山縣	窩窩頭才吃得飽		內容不依常理，強調蘇北飲食無辣椒不歡	
229	229	88	童謠		正月十五打燈籠	銅山縣	以狗兒張口咬衍生出的兒歌			
230	230	89	童謠		王小兒賣豆腐	銅山縣	以婚姻中荒唐關係為主題的兒歌		「你要打死我，誰給你做豆腐？我要打死你，再娶花媳婦」	

總量編號	地方編號	分類編號	類別	原分類	歌謠名（＊為代表歌謠）	原出處	主旨	形式	備註	異文
231	231	90	童謠		當兵好	銅山縣	歌頌當兵、吃飽穿暖又威風			
232	232	91	童謠		紅蟲記	銅山縣	傳說長壽兒歌		「誰能學會紅蟲記，到老不受閒王氣」	
233	233	92	童謠		雙雙歌	銅山縣	以雙雙為主題的童謠，有童蒙之效			
234	234	93	童謠		呱呱呱咕	銅山縣	以布穀鳥叫聲起頭的自問自答的童歌，具擬聲鳥的童謠		徐州人以呱呱咕為布穀鳥命名，少有人知道就是布穀鳥。初夏布穀鳥叫時，大人常教孩子學著布穀鳥的叫聲自問自答。	
235	235	94	雜歌	生活歌	青菜段	銅山縣	青菜大戰的童蒙歌			邳縣〈菜園大戰〉
236	236	95	雜歌		捨梨	銅山縣	以觀音化緣為題的故事短歌，勸人善有善報	故事性歌謠	「媳婦捨梨金橋走，婆婆打在奈河裡。」	
237	237	96	雜歌		唱十二月	銅山縣	唱十二月的環境變化與風景	十二月歌		
238	238	1	雜歌		五把小扇	銅山縣	五段以扇子為主題的歌謠			節錄邳縣〈十二把扇〉
239	239	2	雜歌		十字翻	銅山縣	從一到十的數字歷史人物及神仙故事歌	十杯酒	從一到十、再從十到一、再唱一到十	邳縣〈十字翻〉、睢寧〈九個字〉
240	240	3	雜歌		九十九個黑	銅山縣	以黑為主題的生活婚姻歌謠。		別名「黑字九十九」「黑又丟」	邳縣〈一窩黑〉
241	241	4	雜歌		換破爛歌	銅山縣	叫換破爛之歌	叫賣歌	不換石頭與鑽道	
242	242	5	雜歌		王剛畫畫	銅山縣	畫匠王剛畫子孫巧遇求子婦女的笑鬧故事歌	故事長歌		
243	243	6	雜歌		滅鼠歌	銅山縣	賣滅鼠藥的叫賣歌	叫賣歌	歌中還有旁觀者插話挑釁應對	

總量編號	地方編號	分類編號	類別	原分類	歌謠名（＊為代表歌謠）	原出處	主旨	形式	備註	異文
244	244	7	雜歌		十二條手巾	銅山縣	十二段以手巾帶出的歷史傳說	十杯酒		邵縣〈織手巾〉
245	245	8	雜謌		指紋歌	銅山縣	看指紋斗或簸箕數所唱念的歌謠			
246	246	9	雜歌		十三怕	銅山縣	怕字歌。寫世間令人害怕擔心的事			睢寧〈新怕字歌〉
247	247	10	雜歌		二十五怕歌	銅山縣	怕字歌。寫世間令人害怕擔心的事			〈十三怕〉、睢寧〈新怕字歌〉
248	248	11	雜歌		志氣歌兩首	銅山縣	勸人立志，人無志不立			
249	249	12	雜歌		天留日月風留雲	銅山縣	勸人有備無患，以天、人、草木為對例。			睢寧〈一寸光陰一寸金〉前六句
250	250	13	雜歌		一寸光陰一寸金	銅山縣	勸人珍惜時間，貧富無根，唯有立志		睢寧：「黃金一去沒處尋」，光陰一去沒處尋」；銅山：「寸金一去沒處尋，光陰一去沒處尋」	睢寧〈一寸光陰一寸金〉後四句
251	251	14	雜歌		勸知足	銅山縣	勸人知足常樂（食、行、官、壽）			睢寧〈知足歌〉
252	252	15	雜歌		胡打算	銅山縣	講一婦人如何作發財發家的白日夢，到頭來夢醒一場空	故事長歌	1.清代傳下的敘事長歌；2.對當時人們的衣食住行、社會風俗、生活項事、市集分佈等都有介紹	
253	253	16	雜歌		賣針歌	銅山縣	叫賣各式針的歌，同時介紹針的功用。			睢寧、邵縣皆有同名歌謠，大同小異
254	254	17	雜歌		戒指歌	銅山縣	從一到十打成指的花樣	十杯酒		邵縣〈賣針謠〉
255	255	18	雜歌		十道黑	銅山縣	諧音趣味從一到十數黑的歌	十杯酒		

總量編號	地方編號	分類編號	類別	原分類	歌謠名（*為代表歌謠）	原出處	主旨	形式	備註	異文
256	256	19	雜歌		十二月小調	銅山縣	一年十二個月的光景與風土	十二月令		邳縣〈十三月〉
257	257	20	雜歌		風花雪月	銅山縣	歌誦風、花、雪、月等四項自然景觀	七言十句		睢寧、邳縣皆有同名歌謠
258	258		雜歌		漢王道	銅山縣	描寫漢王鄉道路等目崎嶇		漢王山區交通不便，之前山路崎嶇故有此歌	
259	259	21	雜歌		花開十二月	銅山縣	十二月花開歌。唱出各月代表花卉與特色	十二月歌		
260	260	22	雜歌		小兩口打架不記仇	銅山縣	勸夫妻吵架不記仇歌			
261	261		雜歌		出家怨	銅山縣	女尼埋怨父母逼送入空門歌			
262	262		雜歌		只因要賬大囉嗦	銅山縣	拒絕賒賬歌			
263	263	23	雜歌		小二姐肯吃	銅山縣	打趣少女貪嘴求酸杏歌			
264	264	24	雜歌		十月懷胎	銅山縣	唱出婦女懷胎時每個月生理、心理的變化及感受	十二月歌		銅山縣〈十月懷胎〉、邳縣〈十月懷胎歌〉
265	265	25	雜歌		十二月吃鮮	銅山縣	唱出每個月的當令鮮食	十二月歌	「*月想吃***」	邳縣〈小生人開版〉部份
266	266	26	雜歌		小茶盅	銅山縣	以師徒敬茶送茶盅，歌出師徒相承			
267	267	27	雜歌		千家贊1－贊木匠	銅山縣	對木匠的營生、手藝加已贊頌，祖師爲魯班		1.千家贊，歌者於新春時串走大街小巷，稱爲「游春」，游春時見各行各業，甚至各式人等所唱的討喜贊歌，是爲千家贊。	
268	268	28	雜歌		千家贊2－贊鐵匠	銅山縣	對鐵匠的營生、手藝加已贊頌，祖師爲太上老君			

總量編號	地方編號	分類編號	類別	原分類	歌謠名（＊為代表歌謠）	原出處	主旨	形式	備註	異文
269	269	29	雜歌		千家贊3－贊匕匠	銅山縣	對匕匠的營生、手藝加已贊頌，祖師為張良		匕匠：編竹器的師傅	
270	270	30	雜歌		千家贊4－贊泥工	銅山縣	對建築水匠的營生、手藝加已贊頌，祖師為魯班			
271	271	31	雜歌		千家贊5－贊裁縫	銅山縣	對裁縫的營生、手藝加已贊頌，祖師為軒轅氏			
272	272	32	雜歌		千家贊6－贊理髮師	銅山縣	對理髮師的營生的手藝加已贊頌，祖師為螺歷			
273	273	33	雜歌		千家贊7－贊機匠	銅山縣	對織工的營生、手藝加已贊頌			
274	274	34	雜歌		千家贊8－贊屠夫	銅山縣	對屠夫的營生、手藝加已贊頌，祖師為張飛			
275	275	35	雜歌		千家贊9－贊粉坊	銅山縣	對磨坊的營生、手藝加已贊頌			
276	276	36	雜歌		千家贊10－贊油坊	銅山縣	對榨油行的營生、手藝加已贊頌，祖師為檜燈			
277	277	37	雜歌		千家贊11－贊仁貴稱雪碑	銅山縣	主家擺出仁貴稱雪圖要贊者贊。			
278	278	38	雜歌		千家贊12－贊瓦崗主家眾英雄	銅山縣	應主家要求贊瓦崗眾英雄			
279	279	39	雜歌		千家贊13－贊梁山	銅山縣	讚部份梁山泊好漢			
280	280	40	雜歌		千家贊14－八仙過海	銅山縣	唱八仙過海討營			
281	281	41	雜歌		千家贊15－贊十二個月	銅山縣	語十二個月，各以一古代賢人或名人為主題贊頌	十二月歌		
282	282	42	雜歌		千家贊16－十個字（二段）		從一到十的數字歷史人物及神仙故事歌	十杯酒		
283	283	43	雜歌		千家贊17－十杯酒	銅山縣	飲酒贊歌	十杯酒		

總彙編號	地方編號	分類編號	類別	原分類	歌謠名（＊為代表歌謠）	原出處	主旨	形式	備註	異文
284	284	44	雜歌		千家贊18－贊桃園三結義	銅山縣	如題		三千歲：張飛	〈千家贊8－贊屠夫〉
285	285	45	雜歌		千家贊19－進門洞	銅山縣	贊頌主東門洞房屋華美，見主東沒動靜，激之討賞			邳縣〈唱花頃〉
286	286		雜歌		千家贊20－見吃飯的	銅山縣	唱頌者湊熱鬧討食			
287	287	46	雜歌		千家贊21－見人笑的	銅山縣	對圍觀發笑者計賞金			
288	288	47	雜歌		千家贊22－見抽煙的	銅山縣	贊頌煙的功用、煙的配件，及清代以來的流變			
289	289	48	雜歌		千家贊23－見做鞋的	銅山縣	贊頌新舊鞋種、祝福老板生意亨通			
290	290	49	雜歌		千家贊24－見喝茶的	銅山縣	贊喜受人邀請喝茶，略說茶種及生長情況			
291	291	50	雜歌		千家贊25－見打毛線的	銅山縣	祝福打毛線人生意興隆			
292	292	51	雜歌		千家贊26－謝主東節茶	銅山縣	主東盛情客氣、加以道喜感謝			
293	293	52	雜歌		千家贊27－進門詞	銅山縣	進門求主東賞		「拜的都是真君子，求的都是捨財人。越是捨財越是有，家有萬金越是積十；越是捨財越是發，兒子孫子有萬個門何人不是苦處來……哪個和尚不化齋？海南燕子山東來，鳥鳥食人鳥，千里當官只鳥財，萬里當官只鳥財。」	

總量編號	地方編號	分類編號	類別	原分類	歌謠名（＊為代表歌謠）	原出題	主旨	形式	備註	異文
294	294	53	雜歌		千家贊28—見哥哥	銅山縣	路見男子，將之比為包拯、程咬金。			
295	295	54	雜歌		千家贊29—進門詞	銅山縣	在人家門口讚美東主家宅。要派客堂皇，必會代代富貴。並請東主快打賞。		明人面前好說話，響鼓不用打重錘。	
296	296	55	雜歌		千家贊30—見稱嬌娘	銅山縣	讚美女子能幹有智慧。		花要迎春酒要甜，男子春風女子賢。	
297	297	56	雜歌		千家贊31—見女人抱小孩	銅山縣	奉承女子懷中孩童長大必有不凡，女孩有出息。			
298	298	57	雜歌		千家贊32—贊燈籠	銅山縣	對燈籠的製作方式、祖師一一道明：燈籠的祖師不止一人，分不同工事而論。			
299	299	58	雜歌		千家贊33—見打撲克的	銅山縣	講說撲克的來由、特色及計分方式。			
300	300	59	雜歌		千家贊34—見關門的	銅山縣	勸阻東家關門、力勸家中人等沒人等來開門門包封門，只好嘲弄一陣轉移陣地。			
301	301	60	雜歌		千家贊35—見老漢	銅山縣	奉承好人家髮鬚皆白，必是家中孝子賢孫、福氣如意。			
302	302	61	雜歌		千家贊36—見紡紗的	銅山縣	見紡棉紗者，說起紡紗方式及工具由來。		提及棉花油來：三藏取經歸來時，順手撖在西眉山上長成。	
303	303	62	雜歌		千家贊37—贊嫂嫂1	銅山縣	讚美婦人美貌能幹，如仙女般，以求打賞			

總量編號	地方編號	分類編號	類別	原分類	歌謠名（＊為代表歌謠）	原出處	主旨	形式	備註	異文
304	304	63	雜歌		千家贊 38—贊嫂 2	銅山縣	讚美婦人能幹可當家，賢良無人可比			
305	305	64	雜歌		千家贊 39—贊姑娘	銅山縣	誇讚女子十繡（人物為主）	十杯酒		
306	306	65	雜歌		千家贊 40—贊姑娘 2	銅山縣	誇讚女子十繡（花鳥為主）	十杯酒		
307	307	66	雜歌		千家贊 41—贊新房	銅山縣	對新房內陳設——讚美			
308	308	67	雜歌		千家贊 42—贊酒席	銅山縣	讚美主東家酒席豐厚、親友熱情			
309	309	68	雜歌		千家贊 43—贊十二個月	銅山縣	實讚到第十個月，主要祝福主東家道豐厚、富貴發達	十二月小調		
310	310	69	雜歌		千家贊 44—十月懷胎	銅山縣	敘說十月懷胎的種種經歷	十二月小調		邳縣〈十月懷胎歌〉
311	311	70	勞動歌		打夯歌	邳縣	說明打夯為建樓，適宜的季節為春季	十杯酒	以倒數方式，將數字與自然景物結合，從十倒數回一	
312	1	1	勞動歌		拉車謠	邳縣	拉車車伕輕鬆自在的工作方式			
313	2	2	勞動歌		建房歌	邳縣	起造房屋時所唱的工作歌、明許新房可以為屋主帶來富貴吉祥、福樣滿堂			
314	3	3	勞動歌		紡紗織布歌	邳縣	婦女在紡紗織布時所唱的歌謠、歌中充滿對自身手藝的驕傲與期待			睢寧縣勞動歌〈大鋼鈴〉

總量編號	地方編號	分類編號	類別	原分類	歌謠名（＊為代表歌謠）	原出處	主旨	形式	備註	異文
315	4	4	勞動歌		剪豆粒	邵縣	比較所剪豆粒極似真豆，並想像豆粒可以拿來做成豆腐以敬天		邵縣剪紙已有兩百多年的歷史，舉凡繡花鞋樣、兒童花兜樣、繡花枕頭花樣、及裝飾用的燈花、盆花、箱花、窗花……等，都是由婦女用小剪剪出。邵縣婦女常邊剪邊唱，唱完一首剪紙歌，也就完成一張剪紙。所以唱得出剪紙歌的婦女，也多是揚名全國的剪紙高手	
316	5	5	勞動歌		剪《西遊記》	邵縣	主要剪出故事中四個主角，並大略敘述四個主角在故事中的任務			
317	6	6	勞動歌		十二月剪紙歌	邵縣	針對每個月份特色，剪出應時的花樣	十二月小調	邵縣民俗認為，奈河水極髒，但人死後們會必須渡河。因此兒或女剪紙會扎或剪紙牛來喝乾河水，讓親人能順利渡河。	
318	7	7	勞動歌		一把剪刀多有用	邵縣	邊剪邊唱剪刀的功用，讚美一把小剪刀，什麼都能剪得出來			
319	8	8	勞動歌		花是有心草	邵縣	唱出花草的多樣性極好搭配，是剪紙的好主題			
320	9	9	勞動歌		種棉歌	邵縣	從種棉、採收、曬棉花、彈棉花、紡紗、織布到裁衣、全部的過程			
321	10	10	勞動歌		繡羅帕	邵縣	十繡羅帕，分十段唱出羅帕上所繡花樣及色彩			

總量編號	地方編號	分類編號	類別	原分類	歌謠名（＊為代表歌謠）	原出處	主旨	形式	備註	異文
322	11	11	勞動歌		絡針扎	邳縣	女子繡花時所唱的歌謠，唱出所繡的花樣及名堂			
323	12	12	時政歌		大呼隆生產	邳縣	大躍進時期人民好吃懶做、百姓生活貧困的亂象			
324	13	1	時政歌		扒河謠	邳縣	嘲諷朝令夕改、換幹部就換政策，到頭來治河工程一事無成			
325	14	2	時政歌		尼龍褲	邳縣	嘲諷幹部自肥、佔盡好處，不顧百姓			睢寧縣〈蝸牛兒，大蝦虾〉
326	15	3	時政歌		蝸蝸牛	邳縣	嘲諷大躍進時期食物分配不均、幹部拿盡好處的情況			睢寧縣〈大幹部，小幹部〉
327	16	4	時政歌		大躍進真不賴	邳縣	嘲諷大躍進時期小隊大作、誇張不實的社會現象，卻對人民生活毫無幫助			
328	17	5	時政歌		隊幹部不敢惹	邳縣	嘲諷大躍進時期，當權者至上的荒唐民情			睢寧縣〈得罪隊長幹重活〉
329	18	6	時政歌		不嫁會計嫁隊長	邳縣	短歌四首，1. 女子的理想對象是幹部 2. 幹部不用參與努力工作 3. 幹部工作輕鬆、福利好，好吃懶做 4. 掌握人民公社食堂者最少吃奸。			
330	19	7	時政歌		光榮牌子掛門庭	邳縣	青菜綠起舞，搭配當兵時所掛的紅榜相映，突顯從軍的光榮與幣給家庭的光彩			

總量編號	地方編號	分類編號	類別	原分類	歌謠名（＊為代表歌謠）	原出處	主旨	形式	備註	異文
331	20	8	時政歌		小日本，買涼粉	邳縣	詛咒日本人到中國事事不順，最後被中國人殺死			銅山縣〈小日本提涼水〉、邳縣〈抗日歌謠6〉
332	21	9	時政歌		小日本，刮民黨	邳縣	咒罵日軍及國民黨			
333	22	10	時政歌		小梭標	邳縣	牧童放哨歌。隱藏身份，拿著梭標放羊同時把哨			
334	23	11	時政歌		日本鬼兒你聽清	邳縣	歌中警告日軍勿輕舉妄動，歌頌八路軍神勇；一旦開戰，男女皆兵			
335	24	12	時政歌		毛主席教會了游擊戰	邳縣	歌頌八路軍士兵體格健碩如鋼鐵，驍勇善戰			
336	25	13	時政歌		口唱小調乘風涼	邳縣	歌道游擊隊士兵以天地為家的抗日生涯，最終取得勝利返鄉			
337	26	14	時政歌		有來沒有回	邳縣	警告日軍勿進村莊，以免有來沒有回			
338	27	15	時政歌		棉花摘到崗樓旁	邳縣	歌中道出日軍侵犯期間，百姓冒死到封鎖線旁收割作物			
339	28	16	時政歌		刺刀回爐打梭標	邳縣	游擊隊取得勝利後，軍備轉成民生用品			
340	29	17	時政歌		掘開俏煙摘棉花	邳縣	軍民爲防入侵日軍搶奪農產，連夜收割的驚險情況			
341	30	18	時政歌		只聽槍響不見人	邳縣	軍民擺陣攻日軍，「只聽槍響不見人」，殲滅日軍			

總量編號	地方編號	分類編號	類別	原分類	歌謠名（＊為代表歌謠）	原出處	主旨	形式	備註	異文
342	31	19	時政歌		兵似猛虎馬如龍	邳縣	笑送部隊出征，盛讚士兵勇猛			
343	32	20	時政歌		收割拉打一夜完	邳縣	軍民爲防入侵日軍搶奪農產，連夜收割的驚險情況			
344	33	21	時政歌		豐火連天鬧春耕	邳縣	日軍侵犯時正值邳州春耕時節，百姓從軍應戰			
345	34	22	時政歌		打跑鬼子拿回牛	邳縣	抗戰勝利拿回財產，一片昇平景象			
346	35	23	時政歌		時政諷刺歌 1	邳縣	嘲諷人們工作的目的其實不是爲榮國家，而是爲了謀私利			
347	36	24	時政歌		時政諷刺歌 2	邳縣	嘲諷政治掛帥下，人們在公務上所做的種種安排，其實都爲自己打算			
348	37	25	時政歌		時政諷刺歌 3	邳縣	嘲諷在政壇中逢迎拍馬所得到的優勢遠勝於埋頭苦幹。			
349	38	26	時政歌		當官謠	邳縣	嘲諷當官無須真本事，只要表面做足、會應酬喝酒就可以	順口溜		
350	39	27	時政歌		辦公謠	邳縣	嘲諷臺立眾多機關，並無實際運作人員與機制：公務員平日開小差打混、下班後吃喝玩樂	順口溜		
351	40	28	時政歌		吃喝謠	邳縣	嘲諷所謂檢查團，不過是巧立名目藉機白吃白喝；稍不順意即以政治手段處理	順口溜		

總量編號	地方編號	分類編號	類別	原分類	歌謠名（＊為代表歌謠）	原出處	主旨	形式	備註	異文
352	41	29	時政歌		責任制歌1	邵縣	比對人民公社時期與其後生產到戶時期人鬥工作態度的差異			
353	42	30	時政歌		責任制歌2	邵縣	讚頌責任制使百姓生活水準好轉，能自主自有農業的產量及產值			
354	43	31	時政歌		皖南事變小調	邵縣	缸題，以歌唱出新四軍政策要求：以抗日為先			
355	44	32	時政歌		當代民歌1	邵縣	嘲諷幹部藉家中紅白事收受賄賂	順口溜		
356	45	33	時政歌		當代民歌2	邵縣	嘲諷幹部只負責催促產，不負正為農民鼓法幫忙	順口溜		
357	46	34	時政歌		當代民歌3	邵縣	嘲諷人民公社時期幹部偷懶、鑽日兒混	順口溜		
358	47	35	時政歌		當代民歌4	邵縣	嘲諷人民公社時期民生困苦，百姓卻不以為意	順口溜		
359	48	36	時政歌		打准海	邵縣	歌詞內容主要記述淮海戰役（徐蚌會戰）經過	五更調。		
360	49	37	時政歌		抗日歌謠1	邵縣	以路條管制日軍間諜進出			
361	50	38	時政歌		抗日歌謠2	邵縣	對日軍三光政策的反感			
362	51	39	時政歌		抗日歌謠3	邵縣	讚頌游擊隊			
363	52	40	時政歌		抗日歌謠4	邵縣	民間事先預備好應敵工事			
364	53	41	時政歌		抗日歌謠5	邵縣	女性投入抗日後勤工作			
365	54	42	時政歌		抗日歌謠6	邵縣	詛咒日本人到中國事事不順，最後被中國人殺死			邵縣〈小日本，賣涼粉〉

總量編號	地方編號	分類編號	類別	原分類	歌謠名（＊為代表歌謠）	原出處	主旨	形式	備註	異文
366	55	43	時政歌		同志們	邳縣	勸令八路軍要愛民如親，不可忘本			
367	56	44	時政歌		勸丈夫	邳縣	婦女以小調埋怨丈夫成為婦政府軍，勸丈夫早日離開國軍，回歸八路軍	小調。	哼呀嗨為口語轉詞	
368	57	45	時政歌		參軍歌	邳縣	讚頌八路軍入城，勸百姓投入八路軍陣營	七言		
369	58	46	時政歌		＊賣餃子	邳縣	女主角因丈夫出征，出外賣餃子維持家計。後有八路軍男子光臨，應對之下得知是丈夫，「餃子舖前識賣餃妻」。後女子鼓勵丈夫回家吃餃子後再上戰場殺敵報國。	1.男女對唱故事長歌 2.小調。	秋胡戲妻現代版	銅山縣〈賣餃子〉
370	59	47	時政歌		光榮牌子掛門庭	邳縣	以青菜豬綠把興、鼓勵丈夫從軍			
371	60	48	時政歌		抗美援朝歌	邳縣	說明韓戰期間抗美援朝的理由，鼓舞人民踴躍參加援朝之戰	五更調。		銅山縣〈援朝鮮〉異文
372	61	49	時政歌		李大嫂哭夫	邳縣	女子哀哭丈夫無辜被日軍殺死			
373	62	50	時政歌		月亮漸漸高	邳縣	女子哭丈夫被日軍炸死，勸四鄰人向日復仇。	「月亮漸漸高」調		銅山縣〈月兒漸漸高〉
374	63	51	時政歌		罵汪精小調	邳縣	抗戰時期罵汪精衛的小調。期待人人抓住汪精衛才能順利抗日	小調。		
375	64	52	時政歌		賣鞋大嫂	邳縣	女子賣鞋，樂意送鞋給抗日同志		是賣鞋歌的抗日型	銅山縣〈王大姐賣鞋〉及睢寧〈賣鞋〉

總畫編號	地方編號	分類編號	類別	原分類	歌謠名（＊為代表歌謠）	原出處	主旨	形式	備註	異文
376	65	53	時政歌		遭駛軍	邵縣	諸昏罵中央軍、共產黨、三民主義及蔣介石。	順口溜		
377	66	54	時政歌		生活步步高	邵縣	讚婚姻政策使生活品質提高			
378	67	55	時政歌		不綠千秋不龍休	邵縣	翠柳泡桐？			
379	68	56	儀式歌		洎房進酒歌	邵縣	敬新郎。以新郎比天子，表示新婚時的新郎尊貴可比天子			
380	69	1	儀式歌		撒喜歌1	邵縣	迎新人下轎入門之歌			即睢寧「攙轎」、「傳席」歌
381	70	2	儀式歌		撒喜歌2	邵縣	對著新人撒喜糖喜麵（粉）			即銅山「迎面麩」
382	71	3	儀式歌		撒喜歌3	邵縣	送房歌			銅山、睢寧皆有異文
383	72	4	儀式歌		請新人歌	邵縣	請新人出洞房至小廳接受眾人道喜時歌			綜合睢寧「請新人歌」、「請新郎歌」、「看新人歌」、「觀身花」、「誇新人滿身花」、「誇新人」
384	73	5	儀式歌		敬酒歌	邵縣	敬新人酒歌。從一到十吉語，沒有特定主題。	十杯酒		
385	74	6	儀式歌		看新人歌1	邵縣	欣賞新人			
386	75	7	儀式歌		看新人歌2	邵縣	從新人腳上的三寸金蓮開始發揮，開始唱起歷史故事			睢寧縣「誇新人」、銅山縣「看新人歌」
387	76	8	儀式歌		鬧房歌1	邵縣	隨口謅出一段新婚夫妻的過往趣事			銅山縣「鬧房歌」
388	77	9	儀式歌		鬧房歌2	邵縣	誇讚新人			

總畫編號	地方編號	分類編號	類別	原分類	歌謠名（*為代表歌謠）	原出處	主旨	形式	備註	異文
389	78	10	儀式歌		進喜房，喜洋洋	邳縣	送新婚夫妻入新房並進房看新人，從欣賞新人身上喜服及其裝飾唱起			邳縣「請新人歌」、睢寧「請新人歌」、「請新良歌」、「觀新人歌」、「看新人」、「誇新人」、「誇新人歌」、銅山：「看新人歌」、「要果子歌」、「送房歌」
390	79	11	儀式歌		觀家園	邳縣	讚美新房陳設內容所唱			銅山縣「送房歌」
391	80	12	儀式歌		美新娘	邳縣	讚美新娘美貌溫順			
392	81	13	儀式歌		俺觀新娘滿身花	邳縣	帶領眾人從頭到腳，週身欣賞新人。一切以花名之（包括子女）。			睢寧〈看新人滿身花〉互為異文
393	82	14	儀式歌		醜新娘	邳縣	嘲笑新娘醜陋、內文粗鄙不文、頗有歧視女性的意味			
394	83	15	儀式歌		敬新郎1	邳縣	以歷史上著名男性為故事，從一到十為數，向新郎敬酒	十杯酒		十杯酒
395	84	16	儀式歌		贅英豪	邳縣	敬新郎2，以歷史故事為主題，從一到十，向新郎敬酒	十杯酒		十杯酒
396	85	17	儀式歌		月老配就幾百秋	邳縣	敬新郎3，以傳說及神仙故事中夫妻相合、幸福美滿的婚姻故事為主題			十杯酒
397	86	18	儀式歌		月老配就好姻緣	邳縣	敬新郎4，以歷史故事中英雄美人故事為主題			十杯酒
398	87	19	儀式歌		請新人	邳縣	請新人從洞房出至小廳接受眾人祝福，同時讚美新婚夫妻雙方郎才女貌			

總量編號	地方編號	分類編號	類別	原分類	歌謠名（＊為代表歌謠）	原出處	主旨	形式	備註	異文
399	88	20	儀式歌		送新人	邵縣	送新婚夫妻入洞房			睢寧〈祝酒〉
400	89	21	儀式歌		俺沾的全是新郎光	邵縣	向新娘敬酒歌			
401	90	22	儀式歌		一還一報	邵縣	鬧房歌的另一種，用以勸告世人，吃喜酒勿過份鬧房，以免日後受到同樣鬧房的荒唐事。			
402	91	23	儀式歌		撒帳歌	邵縣	請歌者邊撒帳歌，以祝福新人百年好合			風格與銅山縣〈撒帳歌4〉相當
403	92	24	儀式歌		看新人	邵縣	進新房欣賞新人，以新娘繡鞋上的花樣帶出一連串古人歷史傳說故事，再帶入近代中國史內容，融合古今。		歌詞內容大膽熱情，	邵縣〈送房歌2〉之〈鬧房歌2〉部份；睢寧〈誇新人〉、銅山〈看新人歌〉
404	93	25	儀式歌		墊磚歌	邵縣	萬意福祿壽喜四種祈求		在床腳墊上磚塊，使床腳穩固。墊磚時磚外包紅紙，再壓住銅錢若干，求財富連年。再以四個床腳，萬意福祿壽喜四種祈求	
405	94	26	儀式歌		接寶瓶壺歌	邵縣	喜婆丟寶瓶給新人，讓新人懷抱寶瓶壺進門時所唱的歌		以「寶瓶」諧音寫「保平安」之意；再者新人早孕喜「不空」意萬意萬意早生貴胎；再以壺寓萬意早生貴子	
406	95	27	儀式歌		包枕歌	邵縣	詠歌包袱中的生活日用物件		艾草、鹽、麵粉、蔥及線	
407	96	28	儀式歌		點燈歌	邵縣	點燈時唱頌內容，以求新人長命百歲為主		以燈寓萬意生命力，由家中女性長輩負責新房點燈	

總量編號	地方編號	分類編號	類別	原分類	歌謠名（＊為代表歌謠）	原出處	主旨	形式	備註	異文
408	97	29	儀式歌		鋪床歌	邵縣	全家人一起爲新人鋪床以求家族人丁能越來越興旺			
409	98	30	儀式歌		開轎門	邵縣	迎接新人入門時，請新人下轎的歌謠			睢寧〈攪轎歌〉
410	99	31	儀式歌		破解歌	邵縣	新人如果沒接住喜婆丟來的寶瓶及壺時所唱的破解歌			
411	100	32	儀式歌		進房歌	邵縣	新人進房時所唱			
412	101	33	儀式歌		上頭歌	邵縣	以紅棗及紅線在新人臉前照，以求喜氣吉祥、並求早生貴子			
413	102	34	儀式歌		撒帳歌	邵縣	以五穀、喜糖等撒在喜帳上，以求吉利			撒帳歌系
414	103	35	儀式歌		放枕頭歌	邵縣	如麵、以求人丁興旺			
415	104	36	儀式歌		吃麵歌	邵縣	以麵的長度寓意長壽，求新人長壽發家			
416	105	37	儀式歌		脫襖歌	邵縣	脫喜袍換上新喜袍，將下喜袍住空床頂拋擲以求吉兆			
417	106	38	儀式歌		套被歌	邵縣	歌中並求子孫和樂，長幼友愛		將胎毛套入新房大紅被面中、套被同時塞入栗子與棗子，以求「利子」與「早得貴子」	
418	107	39	儀式歌		開剪歌	邵縣	動刀剪有分離之意，原屬不吉，所以特別以開剪歌象徵裁衣開剪，帶來喜氣			

總量編號	地方編號	分類編號	類別	原分類	歌謠名（＊為代表歌謠）	原出處	主旨	形式	備註	異文
419	108	40	儀式歌		交心酒	邵縣	如題			
420	109	41	儀式歌		晃門釘	邵縣	象徵兩人休息上門釘的歌，萬次兩人夫婦和諧、孕育後嗣			
421	110	42	儀式歌		掃室歌	邵縣	掃除原不宜在喜日進行，但轉化其掃除的意象為掃人，將金銀財富「掃入」門庭			
422	111	43	儀式歌		送房請新人歌	邵縣	歌分八段，亦即請了八次新人。		歌者與新人之間相互捉弄、提高喜事趣味的歌。	
423	112	44	儀式歌		勸嫁歌	邵縣	母親勸告女兒婚前應如何學習持家之道，及迎娶當日應注意事項，最後言及婚後如何照顧家人、與家人和睦相處	長歌		銅山縣〈勸紅妝〉
424	113	45	儀式歌		開光歌	邵縣	歌者以鋼針向亡者做開光動作，隨唱隨以鋼針指向各器官，以期亡者在開光後祛病體健、得上天堂	（術訣歌）		
425	114	46	儀式歌		獻供歌	邵縣	亡者死後，向亡者獻供時所唱	（術訣歌）	1.五大獻：獻香燭；獻饅頭；獻茶、獻酒及碗筷。2.每亡者為一期，分別提醒亡者所面臨的環境及所要面對的過程；3.場同人等以儀式喻示亡者陰殿（閻羅殿）中各大門的鎖已被擊開，請亡者放心的進入大殿中	
426	115	47	儀式歌		吊孝歌	邵縣	將吊孝過程全部擬蟲化			〈百蟲吊孝〉

總量編號	地方編號	分類編號	類別	原分類	歌謠名（＊為代表歌謠）	原出處	主旨	形式	備註	異文
427	116	48	儀式歌		驚嚇歌	邳縣	術訣歌，為小兒安魂歌	（術訣歌）		
428	117	49	儀式歌		兒號歌	邳縣	術訣歌，對治小兒夜啼	（術訣歌）		銅山縣〈小兒夜哭〉
429	118	50	儀式歌		溲褻歌	邳縣	術訣歌，對治成人犯惡（中邪）時，驅祟之用	（術訣歌）		
430	119	51	儀式歌		八仙慶壽	邳縣	祝壽歌，以八仙為題，一向主人府中壽星道喜			
431	120	52	儀式歌		店鋪開張歌	邳縣	店面開張時唱，過後、撒金銀紙花，象徵財富與順利			
432	121	53	情歌		十月桃梅歌	邳縣	男子歌唱與情人、分十個月，依月令唱出相愛的內容	十二月歌	大膽直率，調情水毫不避諱	
433	122	1	情歌		出城南	邳縣	描述路途中所見的美女。將美女的容貌樣式細細描摹			
434	123	2	情歌		打蒲包	邳縣	女子收衣拾衣物出門尋找情郎；情郎變心不顧女子情意			
435	124	3	情歌		扣花針	邳縣	男女兩人對歌，演唱出兩個有情人面對無法終身成眷屬所做的打算	對答歌	邳縣歌謠中男女兩人積會相想要突破婚約再相會，令人對女子婚後的行止捏一把冷汗	銅山縣〈奴待你你嘿點不周全〉
436	125	4	情歌		姐兒房中皺雙眉	邳縣	女子埋怨丈夫在外長期流連煙舖不歸，致使自己貞操受辱		歌詞內容粗鄙不文	銅山縣〈姐兒房中悶沉沉〉、睢寧縣〈扣花針〉
437	126	5	情歌		相個情郎足躬家	邳縣	癡情女子愛上賣子弟，偏情人雖躬卻尊情不二，使得女子甘願倒貼私房錢給情人			

總量編號	地方編號	分類編號	類別	原分類	歌謠名（*為代表歌謠）	原出處	主旨	形式	備註	異文
438	127	6	情歌		紅娘子	邳縣	女子等待情人來相會，卻不料情人來宣告分手：只因家中另娶美人			
439	128	7	情歌		郎的心腸改變了	邳縣	女子埋怨情人變心，嬌嗔情人不識好歹為內容。最後女子要求與情人分離			銅山縣「奴唧哪點待你不同全」及邳縣「紅娘子」
440	129	8	情歌		郎拜年	邳縣	藉由新年拜年，女子與情人相會	1.男女對唱；2.八調		
441	130	9	情歌		哭五更	邳縣	女子思念隨國民政府軍到台灣的情郎，認定情郎，藉由傳隊遠為藉口，與自己分離	小五更調		
442	131	10	情歌		紡棉花	邳縣	以紡棉花為始，實則是女子私會情郎的過程		內容情節大膽熱情	
443	132	11	情歌		睬才郎	邳縣	藉由女子之眼，描述蘇北美男子的打扮		全歌應為清末所流行的歌謠，因其中裝束束為清裝	
444	133	12	情歌		十二月思盼	邳縣	分十二月思念說明女子思念離家丈夫	十二月歌	可看出蘇北女子悍烈性格，程度介於睢寧與銅山之間	銅山縣〈盼郎誦〉、睢寧〈思夫〉
445	134	13	情歌		正月裡來是燈節	邳縣	女子思念出外抗戰的丈夫，分十二月歌之	十二月歌		銅山縣〈十二月〉、睢寧縣〈十二月調情〉
446	135	14	情歌		十二月思夫	邳縣	歌中女子怨丈夫三日出外趕考，最後一年終了丈夫中舉回來	十言歌	應為清末流傳歌謠	
447	136	15	情歌		姐兒房中好穿青	邳縣	女子丈夫應往西南勦叛軍，最後得勝回鄉		1.應為清末流傳歌謠；2.西南毛亡造了反	
448	137	16	情歌		四季歌	邳縣	女子忠夫；以孟姜女自許明與情人相見	四季	蘇北風光：「江南江北風光好，怎及高粱與青紗」	

總量編號	地方編號	分類編號	類別	原分類	歌謠名（＊為代表歌謠）	原出處	主旨	形式	備註	異文
449	138	17	情歌		盼郎歸	邳縣	女子思夫；以孟姜女自訴期與情人相見	四季		〈四季歌〉異文
450	139	18	情歌		初次會見有情人的面	邳縣	女子思念情人、自怨所愛非人。	四季	每段結尾，以「郎啊」嘆唱	睢寧縣〈四季相思〉
451	140	19	情歌		姐兒房中面綜雲	邳縣	女子因私訂終身的情郎亡故、悲切造悼。偷偷上墳追念情郎，立誓此生不二。			
452	141	20	情歌		十三月思夫	邳縣	女子的情郎出外遲遲未歸、女子思念情郎所唱	1.長歌 2.分十三個月歌之	遇閏月，故依十三個月歌之	銅山縣〈盼郎誦〉、睢寧縣〈思夫〉及邳縣〈十二月思盼〉
453	142	21	情歌		門口有棵槐楊樹	邳縣	以槐樹開花起興、期待情郎到來	四季		銅山縣〈小姐想郎歌〉
454	143	22	情歌		十二月郎抗戰歌	邳縣	女子因丈夫應徵出外抗戰、而依十二月唱出思夫歌	十三月唱之	十月、十二月調詞脫落	銅山縣〈十二月〉、睢寧縣〈十二月調情〉
455	144	23	情歌		情人眼裡會傳話	邳縣	打趣情人眉目傳情	七言短歌		
456	145	24	情歌		疼郎又怕郎知道	邳縣	女子為情人縫製冬衣、為怕惹人閒話、還以衣服遮住窗戶以免燈光外漏	七言短歌		
457	146	25	情歌		等妹等到霜滿身	邳縣	男子夜裡想思會情人不得、連續三夜等待滿身霜目終日懶懶無力	七言短歌		
458	147	26	情歌		情哥身邊是天堂	邳縣	女子父母管教極嚴、女子自嘆如在囹圄定天堂；只有情人身邊是天堂	七言短歌		
459	148	27	情歌		哥打赤腳妹心疼	邳縣	女子心疼情人赤腳、連夜縫鞋不覺睏	七言短歌		

總量編號	地方編號	分類編號	類 別	原分類	歌 謠 名（＊為代表歌謠）	原出處	主 旨	形 式	備 註	異 文
460	149	28	情歌		荷花愛藕藕愛蓮	邵縣	以荷花與藕相比男女雙方互相珍惜	七言短歌		
461	150	29	情歌		手做針線等情郎	邵縣	描寫女子期待相會卻又害羞，連針線都拿不穩	七言短歌		
462	151	30	情歌		只求郎意合妹心	邵縣	不求富貴，只求兩相情洽	七言短歌		
463	152	31	情歌		哥在跟前勁頭添	邵縣	情人一起工作，倍添精神	七言短歌		
464	153	32	情歌		又當情郎在身旁	邵縣	打趣女子嗜氣不會情郎，卻忍不住思念	七言短歌		
465	154	33	情歌		情歌"等妹在村西	邵縣	男子期待相會的心情熱切，全然不覺有雨	七言短歌		
466	155	34	情歌		情妹不吃山紅子	邵縣	情人因受日軍在山楂樹下殺害，女子從不吃山楂	七言短歌		
467	156	35	情歌		只能買個睡沬星	邵縣	女兒嬌貴可比起雕鋼，男家再多的金銀也抵不過	七言短歌		
468	157	36	情歌		王美情人	邵縣	女子臨終叮囑丈夫再娶			
469	158	37	情歌		想郎想得怪心慌	邵縣	描寫女子忿念情郎，恍惚惚			
470	159	38	情歌		愛妹就要愛得深	邵縣	要求相愛要全心投入就像石沉洞底			
471	160	39	情歌		只怪棒椎不怪郎	邵縣	女子貪看情人反被洗衣椎打著，手痛不怪情人怪椎子			
472	161	40	情歌		不想妹找不來	邵縣	形容男子越過重重困難來私會情人			
473	162	41	情歌		相圖情郎情大活	邵縣	女子心疼情人瘦弱卻要做苦工，乾脆分手免擔心			

總量編號	地方編號	分類編號	類別	原分類	歌謠名（＊為代表歌謠）	原出處	主旨	形式	備註	異文
474	163	42	情歌		拔麥茶	邳縣	情人麥田相見，想要相幫又怕人多嘴雜			
475	164	43	情歌		賣水煙	邳縣	妻子氣丈夫在外經商久無音訊			
476	165	44	情歌		姐兒房中笑嗜嗜	邳縣	女子要情人買衣料給自己打扮。			
477	166	45	情歌		＊雖說沒到十七八	邳縣	女子急嫁歌			
478	167	46	情歌		＊姐兒房中把手招	邳縣	情人們為愛不顧一切的勇氣與氣魄			
479	168	47	情歌		繡絨花	邳縣	女子因天雨路滑，捧了禮物，也無法與情人相會			〈繡絨花〉異文
480	169	48	情歌		月亮出來了	邳縣	女子因天雨路滑，捧了禮物，也無法與情人相會（較完整）			
481	170	49	情歌		嘆十聲	邳縣	是青懷中煙花女子與恩客之間的調情對歌	1.男女對唱長歌 2.分十段進行		
482	171	50	情歌		繡荷包	邳縣	女子以繡荷包給情人，展露自己的女紅技巧，並唱出所繡花樣及典故。			
483	172	51	情歌		繡兜兜	邳縣	女子為丈夫繡肚兜，將周邊風光特色繡邊唱。			
484	173	52	情歌		只恐外人望	邳縣	女子心急情人病重，到最後哭悼情人之歌			
485	174	53	情歌		妹盼郎	邳縣	男女相互表示愛之歌	男女對唱短歌		
486	175	54	情歌		鉤大陽	邳縣	情姐掛在自己心上			

總單編號	地方編號	分類編號	類別	原分類	歌謠名（＊為代表歌謠）	原出處	主旨	形式	備註	異文
487	176	55	情歌		姐在窗前做軍鞋	邵縣	（如題）			
488	177	56	情歌		送情郎	邵縣	女子送丈夫出征之歌，層層開展	四送調	1.熱情大膽 2.刮大風不如下雨好，下雨留郎陪奴過五更	銅山縣〈送情郎〉、〈送郎哥〉
489	178	57	情歌		送郎歌	邵縣	女子送丈夫抗戰，勸丈夫勿掛念家中	四送調		
490	179	58	情歌		五更四送	邵縣	女子與情人夜會，送情人出門的歌謠	五更調與四送調	1.先唱五更，再唱四段相送 2.熱情大膽，不顧禮教	
491	180	59	情歌	時政歌	罵五更	邵縣	內容埋怨蔣介石於民國三十六年徵兵，造成夫妻分離	五更調	末段五更所唱內容不同，女子埋怨丈夫被蔣介石徵兵，沒有參加共產黨	睢寧縣情歌〈五更抓壯丁〉
492	181	60	情歌	時政歌	李玉蓮進綉房	邵縣	李玉蓮之妻勸丈夫放下天倫之樂上戰場報國耀家。	五更調與李玉蓮調。	1	1.銅山縣時政歌〈送郎參軍（李玉蓮）〉；2.邵縣〈光榮牌子掛門庭〉
493	182	61	情歌	時政歌	送郎	邵縣	女子送丈夫應調從軍抗日，戀戀不捨	男女對唱/四送調		銅山縣〈送郎參軍〉
494	183	62	情歌	時政歌	送夫	邵縣	女子送丈夫應調從軍抗日，戀戀不捨	四送調		銅山縣〈送郎哥〉
495	184	63	情歌	時政歌	抓壯丁	邵縣	唱出新婚女子丈夫被抽調讓兵，女子無奈又焦躁的心聲	五更調。	歌詞內容時有相鄙不文之處，內容也真實反映女子思春心境	
496	185	64	情歌	時政歌	我郎好狠心	邵縣	女子哭訴丈夫應調從軍，長時間未得隻字片語。待到戰爭結束，四出返鄉的軍隊中又不見丈夫身影，只見相片			
497	186	65	情歌		送郎歌2	邵縣	女子送丈夫出征之歌	四送調		銅山縣〈送郎參軍〉

總量編號	地方編號	分類編號	類別	原分類	歌謠名（＊為代表歌謠）	原出處	主旨	形式	備註	異文
498	187	66	情歌		綉紋墩	邳縣	妻子段段叮嚀出征丈夫在外生活應注意的事	四送調		銅山縣〈送郎歌〉
499	188	67	情歌		家住西北湖	邳縣	女子夢見出嫁			銅山縣〈小二姐做夢〉
500	189	68	情歌		雪梅吊孝	邳縣	女子上墳祭夫歌			
501	190	69	情歌		十二恨	邳縣	恨未能及時婚緣、迫切渴望婚姻生活的情歌。			銅山、睢寧皆有同名異文
502	191	70	情歌	生活歌	放風箏	邳縣	藉由放風箏，暗喻情人無緣再會，一如風箏被風吹散兩分飛	十陣風箏歌	以風箏帶入歷史傳說故事	
503	192	71	生活歌		植樹謠	邳縣	唱喻眾人種樹的好處，歌出各種樹木的用途及特質			
504	193	1	生活歌		四大歌	邳縣	鼓吹上夜校	順口溜		
505	194	2	生活歌		上燈學	邳縣	鼓吹上夜校	五更調		
506	195	3	生活歌		婦女救國歌	邳縣	呼籲女性走出家門抗日戰爭奉獻心力			
507	196	4	生活歌		窮人多難受	邳縣	哭訴窮人的悲哀			
508	197	5	生活歌		送財神	邳縣	送財神到人家			睢寧〈新年討喜歌〉
509	198	6	生活歌		王五	邳縣	長工苦			銅山〈長工苦〉
510	199	7	生活歌		妓女告狀	邳縣	妓女死後至閻王面前，哭訴身為妓女的悲哀生時死後俱不得安			
511	200	8	生活歌		妓女悲秋	邳縣	妓女哭訴命苦、活在青樓中的悲哀、期待一死求解脫	小調敘事長歌		
512	201	9	生活歌		糊塗官斷案	邳縣	縣官糊塗、胡亂斷案。	敘事長歌	應為清末流傳歌謠	

總量編號	地方編號	分類編號	類別	原分類	歌謠名（＊為代表歌謠）	原出處	主旨	形式	備註	異文
513	202	10	生活歌		賢良女夫	邵縣	女子勤丈夫立志、且宿擾民、要殺敵爲國	十字韻（3、3、4）		睢寧縣〈賢良女〉
514	203	11	生活歌		十勸郎	邵縣	女子勸情人十件大事		炮車爲煙花鄉；「海州毛子住一晚，楊梅大瘡弄身來」	睢寧縣〈五勸郎〉
515	204	12	生活歌		要嫁送妝歌	邵縣	女子要嫁妝歌	十二月令	可看出嫁收種類	
516	205	13	生活歌		要嫁妝歌	邵縣	女子要嫁妝歌	母女對唱	白日夢	
517	206	14	生活歌		嫌娘歌	邵縣	婆婆嫌媳婦歌		嫌媳婦租手笨腳、不懂分寸、偷懶貪玩、磨蹭打扮、與婆母爭嘴	
518	207	15	生活歌		姐兒房中哭啼啼	邵縣	妻子心丈夫趕車辛苦			
519	208	16	生活歌		江邊搖	邵縣	女子江邊週情郎歌			
520	209	17	生活歌		暗床暖鋪你不睡	邵縣	女子埋怨丈夫好賭毀家			
521	210	18	生活歌		一棋古槐照街西	邵縣	母女私情歌			
522	211	19	生活歌		一輪明月照銀河	邵縣	女子驅程來偷情的情郎			
523	212	20	生活歌		短歌1：天上下雨地上滑	邵縣	勸人自立、如要親友相助、日後要一報答（如題）		與睢寧歌立意有別、主張知報答	睢寧〈天上下雨地上滑〉
524	213	21	生活歌		短歌2：創業難	邵縣	（如題）			
525	214	22	生活歌		短歌3：窮人三寶	邵縣	醜妻、薄地、破棉襖	順口溜		
526	215	23	生活歌		短歌4：快去把兵當	邵縣	勸男子快去當兵報國、驅逐日寇			
527	216	24	生活歌		短歌5：邵城的黑女不會針和線	邵縣	自誇邵縣女子個個有手藝			
528	217	25	生活歌		短歌6：舔腚蟲	邵縣	馬屁精看人吃牛肉湯、自己只有乾瞪眼的份			時政歌〈不嫁會計嫁隊長-2〉

總量編號	地方編號	分類編號	類別	原分類	歌謠名（＊為代表歌謠）	原出處	主旨	形式	備註	異文
529	218	26	生活歌		短歌 7：我的媽眞不醜	邳縣	母親被選爲黨代表，非常光榮			
530	219	27	生活歌		短歌 8：一年買了半巾鹽	邳縣	自謂生活困苦，連鹽都不足			
531	220	28	生活歌		短歌 10：童養媳罵小丈夫	邳縣	怨恨自己嫁個兒不是兒、夫不是夫的小丈夫			
532	221	29	生活歌		短歌 11：新娶的媳婦靠公婆	邳縣	家庭翁大小事由翁姑作主、是天經地義、理所當然的事			銅山縣〈紅梳君〉
533	222	30	生活歌		短歌 12：小槐樹	邳縣	哭訴丈夫好賭，威脅要回娘家			
534	223	31	生活歌		十二把小扇	邳縣	十二扇子歌	十杯酒		
535	224	32	生活歌		求子歌	邳縣	婦女求子心切，到送子娘娘殿求子之歌		交待姓名、家住何處、求孩子隨自己回家	
536	225	33	生活歌		戒煙謠	邳縣	勸人戒煙。就各行業唱出吃大煙的壞處		頭等富人、二等富人、一般人、文官、武官、光旋猴、唱藝人	
537	226	34	生活歌		戒賭歌	邳縣	藉胡作愛賭幾平要命的故事勸喻世人戒賭	長篇故事歌		
538	227	35	生活歌		懶大嫂	邳縣	歌出懶女的日常生活行爲及理家能力，詼諧逗趣			
539	228	36	生活歌		哭五更	邳縣	童養媳悲歌	五更調	每段未皆哭求「誰給俺娘家捎個信」	內容與〈嫌媳歌〉略同
540	229	27	生活歌		梁大嫂翻身	邳縣	童養媳悲歌		生動哭訴如何受害、心理生理都受傷害	銅山縣亦有童養媳歌，形式內容皆異。
541	230	28	生活歌		踏青歌	邳縣	人物風箏大會			

總量編號	地方編號	分類編號	類別	原分類	歌謠名（＊為代表歌謠）	原出處	主旨	形式	備註	異文
542	231	29	生活歌		十月懷胎歌	邵縣	唱出婦女懷胎時每個月生理、心理的變化及感受			
543	232	30	生活歌		小佳人開飯	邵縣	小佳人懷胎十月，嘴饞於應時美食	十二月唱春		
544	233	31	生活歌		五香麵歌1	邵縣	歌詠五香粉的功效，除可使榮銷增味，還可以保健長壽	叫賣歌		
545	234	32	生活歌		五香麵歌2	邵縣	從包五香粉的紙起始始歌之，帶出歷史故事	叫賣歌		
546	235	33	生活歌		五香麵歌3	邵縣	唱出多種香料的由來、產地及其特色。包括黑胡椒、丁香、檳榔、辛夷香、涼薑、白芷香	叫賣歌	據採錄者記錄，此歌是歌者在手推招招磨時唱的歌，故歸入勞動歌。	
547	236	34	生活歌		賣針謠1	邵縣	唱喻世人要識貨，要認清人才能買好貨。要買好針就到單正。			
548	237	35	生活歌		賣針謠2	邵縣	依針的大小介紹不同的功能			
549	238	36	生活歌		賣針謠3	邵縣	依針的大小介紹其功能，主要著重四、五號針			
550	239	37	生活歌		賣針謠4	邵縣	針對一號與二號針唱			
551	240	38	生活歌		賣針謠5	邵縣	專論包針賣針。包針賣針之間，原也是人為求財的道德生意。誇言針明亮如銀、品質極佳			
552	241	39	生活歌		賣針謠6	邵縣	依針的大小介紹其功能			

總量編號	地方編號	分類編號	類別	原分類	歌謠名（＊為代表歌謠）	原出處	主旨	形式	備註	異文
553	242	40	生活歌		賣針謠7	邳縣	依針的大小介紹其功能，介紹一到四號繡針。也唱出可讓人賒欠針錢；並提醒世人針對生活的重要			
554	243	41	生活歌		賣針謠8	邳縣	依針的大小分唱，將針的大小比做歷史君王、良相、重臣，最後四號針則可繡花；五號針則比繡毛雨			
555	244	42	歷史故事歌		小放牛	邳縣	問各種歷史人物的內容故事	問答歌		睢寧縣〈小放牛〉、銅山縣〈小兩口爭燈〉
556	245	1	歷史故事歌		繡荷包	邳縣	女子藉繡荷包歌誦歷史英雄故事。			
557	246	2	歷史故事歌		十個字	邳縣	從一到十、數唱歷史英雄人物與事蹟	十杯酒		睢寧縣〈九字歌〉
558	247	3	歷史故事歌		十三月	邳縣	分十三個月（含潤月）唱出歷史英雄故事	十三月歌		
559	248	4	歷史故事歌		繡花燈	邳縣	分十二個月繡花燈、燈上繡出歷史人物	十三月歌		銅山縣〈繡花燈〉
560	249	5	歷史故事歌		十杯酒	邳縣	飲酒歌、主要歌讚英雄人物	十杯酒		銅山縣〈十杯酒之五〉
561	250	6	歷史故事歌		梁祝下山	邳縣	蘇北版梁祝故事，主為梁祝下山離學堂回家一段			銅山縣〈十八里相送〉
562	251	7	歷史故事歌		孟姜女哭長城	邳縣	孟姜女哭送寒衣	十三月歌		

總量編號	地方編號	分類編號	類別	原分類	歌謠名 （＊為代表歌謠）	原出處	主旨	形式	備註	異文
563	252	8	歷史故事歌		織手巾	邵縣	從一到十二，織出部份歷史故事	十杯酒		
564	253	9	歷史故事歌		绣十字	邵縣	從一到十的與數字有關的言言與傳說歌	十杯酒		睢寧縣〈九字歌〉、
565	254	10	歷史故事歌		翻十字	邵縣	從一到十的數字歷史人物傳說故事歌	十杯酒		邵縣〈十個字〉
566	255	11	歷史故事歌		一更兒鼓敲	邵縣	分五更唱歷史故事	五更調		
567	256	12	歷史故事歌		绣花瓶	邵縣	從一到十綉歷史故事中恩愛夫妻在花瓶上	十杯酒		
568	257	13	歷史故事歌		十二月古人名	邵縣	十二個月的氣候景色變化帶出十二月古人英雄	十二月歌		
569	258	14	歷史故事歌		古城歌	邵縣	古城歷史歌			
570	259	15	歷史故事歌		古邵城	邵縣	歌詠古邵城地理位置及人文特色			
571	260	16	兒歌		拾子歌	邵縣	拾子歌1：主要以家族稱謂為內容，編唱成遊戲歌。拾子歌2：以傳說故事及神話人物為內容編唱成遊戲歌。拾子歌3：以村落活動為內容。拾子歌4：以日常生活內容主要內容編成遊戲歌。	遊戲歌	拾子歌：流行於邳睢銅三縣交界，作為一種遊戲比賽。主要是由兩個少女，各持五顆石子，一顆拋地起，從地上逐一抓起，並接住石子。如果接不住算失敗；以次進行，先拾單顆，進兒拾雙；拾四顆時稱為雞嘗。拾過河、換手、大展圈、雞過河等複雜的動作。	

總量編號	地方編號	分類編號	類別	原分類	歌謠名（＊為代表歌謠）	原出處	主旨	形式	備註	異文
572	261	16	兒歌		踢腳板	邳縣		遊戲歌（踢腳板）	一兒平坐，伸其兩腿；另一人點其兩腿，邊顛邊唱	睢寧縣〈踢板腳，絆板腳〉
573	262	1	兒歌		朝廷還得跪著我	邳縣	突發趣想以國家制度打趣對象的兒歌			
574	263	2	兒歌		小火叉	邳縣	姈甥情節與家畜功用介紹		提及家畜有鵝、羊、狗、驢、豬	
575	264	3	兒歌		月姥娘	邳縣	廚房中的生活兒歌	類似繞口令	頂真兒歌	銅山縣〈月姥娘，八丈高〉；睢寧縣〈月姥娘，八丈高〉
576	265	4	兒歌	生活歌	短歌9：月姥娘，亮堂堂	邳縣	小豬思母不吃食			睢寧兒歌〈月姥娘，亮堂堂〉
577	266	5	兒歌		小豆芽	邳縣	姈甥情節的生活兒歌			
578	267	6	兒歌		小牛犢	邳縣	兒童與動物間兄弟情誼的兒歌。			
579	268	7	兒歌		張家娶個小巧人	邳縣	以剪紙為主題的生活兒歌			
580	269	8	兒歌		管家門前唱大戲	邳縣	鄉間野台戲招徠民眾攤家帶眷圍觀，甚至連家畜也要去湊熱鬧			
581	270	9	兒歌		小紅孩	邳縣	以養家為主題的生活兒歌			
582	271	10	兒歌		小白雞	邳縣	以小白雞打趣新娘的外貌長相與身材			
583	272	11	兒歌		小白雞2	邳縣	繞口令兒歌，以生活中的廚房身事物為主題。			銅山縣〈小白雞1〉
584	273	12	兒歌		找茶喝	邳縣	以戀愛趣味為主題的兒歌			

總量編號	地方編號	類別	原分類	歌謠名（＊為代表歌謠）	原出處	主旨	形式	備註	異文
585	13	兒歌		兒歌〈八枝草〉	邵縣	調笑家庭關係的兒歌			
586	14	兒歌		兒歌〈小花貓〉	邵縣	兒童與動物間友誼的兒歌			
587	15	兒歌		專打敵人司令部	邵縣	歌頌游擊隊英雄劉胡蘭為主題的兒歌			
588	16	兒歌		我的花籃編得密	邵縣	以編織花籃為主題的兒歌			
589	17	兒歌		我是姥姥親外甥	邵縣	以甥孫情密、姑甥情結為主題的歌謠			
590	18	兒歌		這個日子過得囔	邵縣	婚姻兒歌，但提及幼兒早夭的情節			〈找茶喝〉異文
591	19	兒歌		顛倒歌	邵縣	將所有事理及生活日常事物的因果關係顛倒	顛倒歌		銅山縣〈顛倒歌〉
592	20	兒歌		小寶寶要睡覺	邵縣	哄嬰兒入眠的兒歌			
593	21	兒歌		花喜鵲	邵縣	娶妻忘娘			睢寧、銅山皆有同名歌；另銅山有〈梧桐樹〉，葉子稀〉較完整
594	22	兒歌		懶大嫂	邵縣	嘲諷懶婦人貪睡好吃			
595	23	兒歌		你多管	邵縣	嘲諷人驕傲傲吹牛			
596	24	雜歌及其他	生活歌	檀香哭瓜	邵縣	檀香冬夜求瓜母的故事			
597	1	雜歌及其他	生活歌	百草蟲吊孝	邵縣	以小螞蝦的生老病死到百草蟲吊孝	後半段為十字韻(3、3、4)		邵縣〈吊孝歌〉、銅山縣〈小螞蝦歌〉
598	2	雜歌及其他	兒歌	一窩黑	邵縣	以黑為主題的生活婚姻歌謠。			

總量編號	地方編號	分類編號	類別	原分類	歌謠名（＊為代表歌謠）	原出處	主旨	形式	備註	異文
599	288	3	雜歌及其他	兒歌	茉園大戰	邳縣	菁茶疑人大戰			銅山縣〈菁茶段〉
600	289	4	雜歌及其他		草藥謠	邳縣	以中藥名稱或特質、特色所編出的歌謠	叫賣歌		
601	290	5	雜歌及其他		賣菁藥	邳縣	叫賣菁藥的歌謠，唱出菁藥的各種用處。	叫賣歌		
602	291	6	雜歌及其他		唱花項1	邳縣	乙者之歌，乙食大餅			
603	292	7	雜歌及其他		唱花項2	邳縣	乙者之歌，理直氣壯，頗有劫富濟貧的霸氣			
604	293	8	雜歌及其他		唱花項3	邳縣	乙者對著不願施捨的商人，幫著在攤子插科打諢			
605	294	9	雜歌及其他		唱花項4	邳縣	碰到無論如何都不施捨的人、乙者頗有耍無賴的氣勢，罷明了與認定的對象纏鬥到底。			
606	295	10	雜歌及其他	生活歌	風花雪月	邳縣	吟誦風、花、雪、月			睢寧縣〈風花雪月〉
607	296	11	雜歌及其他		胡打算	邳縣	講一窮人如何作發財家的白日夢，到頭來夢醒一場空		睢寧與邳縣收歌互有出入，但皆曰原產地為邳州	睢寧〈胡打算〉
608	297	12	勞動歌		上梁歌	新沂縣	上梁時的口采	術訣歌	盛讚大梁為龍，在吉地紮營。	銅山縣〈上梁歌〉兩首
609	1	1	勞動歌		蓋房歌	新沂縣	起屋建屋時的口采	術訣歌		
610	2	2	勞動歌		鎮宅腳歌	新沂縣	在屋腳埋入鎮宅石時所唱的口采	術訣歌		
611	3	3	勞動歌		扒河	新沂縣	挖新沂河時的扒河歌		時間於49年後	

總畫編號	地方編號	分類編號	類 別	原分類	歌謠名（＊為代表歌謠）	原出處	主 旨	形 式	備 註	異 文
612	4	4	時政歌		維持會領日寇掃蕩	新沂縣	日寇搶劫貧民百姓、與地主政要串通			
613	5	1	時政歌		月亮一出照九州 1	新沂縣	就食、衣、家庭等方面討論貧富差異		此歌為新四軍教導群眾所唱。	
614	6	2	時政歌		月亮一出照九州 2	新沂縣	就人格、食、衣、住、教育等方面討論貧富差異			互為異文
615	7	3	時政歌		抗美援朝打敗美國佬	新沂縣	強調美軍殘暴凌虐偉韓國人民	五更調		邳縣〈抗美援朝歌〉、銅山〈援朝鮮〉
616	8	4	時政歌		扯皮歌	新沂縣	諷刺共產制度下，人民公社時期工作怠懶			
617	9	5	時政歌		淮北歌	新沂縣	勸農民參軍以游擊隊方式爭取解放			
618	10	6	時政歌		淮海勝利	新沂縣	唱述淮海戰役的過程及勝利	小五更		
619	11	7	時政歌		鑼鼓響叮叮	新沂縣	歡慶鬥倒地主惡霸			
620	12	8	時政歌		服兵役	新沂縣	光榮從軍歌、勸母親勿憂			
621	13	9	時政歌		小五更（一）	新沂縣	鼓勵婦女以秧歌為八路軍激勵士氣	小五更		
622	14	10	時政歌		小五更（二）	新沂縣	唱述淮海戰役的過程及勝利	小五更		
623	15	11	時政歌		抗戰打鬼子	新沂縣	勸政府軍槍口一致對外、抗日為先			
624	16	12	時政歌		抗日小五更	新沂縣	抗日之歌	小五更		
625	17	13	時政歌		憶苦	新沂縣	憶解放前之苦及解放後之樂		「窮苦人夫找無路，拋家離業逃荒去要飯」	

總量編號	地方編號	分類編號	類別	原分類	歌謠名（＊為代表歌謠）	原出處	主旨	形式	備註	異文
626	18	14	時政歌		裹腳苦	新沂縣	唱述女子裹腳之苦	泗州調	以年齡分，將過程唱出	
627	19	15	時政歌		打狗歌	新沂縣	打殺小狗以免洩露軍隊動向			
628	20	16	時政歌		鬼子着了急	新沂縣	傳遞日軍太平洋戰役失利，節節敗退消息	悲秋調		
629	21	17	時政歌		打窯灣	新沂縣	唱述解放窯灣地區的勝利	五更調		
630	22	18	時政歌		老四團打高流	新沂縣	解放高流之歌	寡婦上墳調/五更調		
631	23	19	時政歌		婦女翻身	新沂縣	笑唱婦女得解放，從舊家庭制度中得到自由	小五更		
632	24	20	時政歌		慰勞歌	新沂縣	慰勞解放軍辛勞歌	泗州調	歌詞內容淺白生活化：「正在家裡把茶燒娃，悠聽大軍已來到，我們洗得直往外跑。」	
633	25	21	時政歌		打日本	新沂縣	唱述八路軍打日軍	李玉蘭調	一到四月	（十二月小調）
634	26	22	時政歌		罵汪精衛	新沂縣	唱述汪精衛與日勾串及反共等行徑			邳縣〈罵汪小調〉、
635	27	23	時政歌		放腳歌	新沂縣	女子哭訴丈夫被日軍殺死自己面前，勸姐妹放腳以助國家打敗日軍	小寡婦上墳調		邳縣〈李大嫂哭夫〉、〈月亮漸漸高〉調山〈月亮漸漸高〉、新沂〈月兒漸漸高〉
636	28	24	時政歌		豌豆開花一串鈴	新沂縣	女子以勤奮農民爲擇偶對象		強調紅五類	
637	29	25	時政歌		土改了	新沂縣	唱土改的好處	五更調	只唱一更次	
638	30	26	時政歌		哩哩羅	新沂縣	唱一九四五年年景好			

總量編號	地方編號	分類編號	類別	原分類	歌謠名（＊為代表歌謠）	原出題	主旨	形式	備註	異文
639	31	27	時政歌		支前民工歌－民工紀律歌	新沂縣	唱歌爭時抬擔架民工的紀律及工作注意事項	三大紀律調		
640	32	28	時政歌		支前民工歌－擔架要注意	新沂縣	唱歌爭時抬擔架民工的紀律及工作注意事項	十勸郎調		
641	33	29	時政歌		歌唱園田化	新沂縣	整頓農田規格（農地重劃）			
642	34	30	時政歌		我勸大家上冬學	新沂縣	勸冬種身分者踴躍配合政策上冬學識字	梳妝台調		
643	35	31	時政歌		上冬學	新沂縣	讚頌上冬學的優點			
644	36	32	儀式歌		花轎到門	新沂縣	請新人下轎			連雲（請新人下轎）
645	37	1	儀式歌		傳口袋	新沂縣	新人下轎時，由喜婆或贊禮先生傳口袋時所唱喜歌		以袋喻代，取代代相傳之意。傳完後再迎入甲廳	
646	38	2	儀式歌		傳磴	新沂縣	新人下轎不沾塵的傳磴歌	迎新人歌		
647	39	3	儀式歌		新人下轎走十步	新沂縣	新人下轎步步有喜			
648	40	4	儀式歌		擺拜堂桌子	新沂縣	如題，以便新人拜堂			
649	41	5	儀式歌		婚禮歌	新沂縣	婚禮禮俗簡要之歌			
650	42	6	儀式歌		撒床歌	新沂縣	撒十把果物的撒床歌	十杯酒	一唱眾應「好」	
651	43	7	儀式歌		撒帳歌	新沂縣	從一撒到十的喜歌	十杯酒		
652	44	8	儀式歌		撒帳子	新沂縣	從一撒到十的喜歌	十杯酒	炮車收有相同歌謠	互為異文
653	45	9	儀式歌		戳窗戶	新沂縣	戳破窗紙，以期早生貴子	十杯酒		疑爲聽房歌之變形
654	46	10	儀式歌		小十撒	新沂縣	從一撒到十的喜歌	十杯酒		
655	47	11	儀式歌		撒帳歌	新沂縣	從一撒到十的喜歌	十杯酒		

總量編號	地方編號	分類編號	類別	原分類	歌謠名（＊為代表歌謠）	原出處	主旨	形式	備註	異文
656	48	12	儀式歌		看新娘	新沂縣	唱出十項品評新娘的品項，讚美新人完美	十杯酒		
657	49	13	儀式歌		鋪新床	新沂縣	鋪床歌	俐訣歌		
658	50	14	儀式歌		新婚拜天歌	新沂縣	行禮拜天地歌		未拜父母高堂	
659	51	15	儀式歌		喝雙杯酒	新沂縣	勸酒以期春帶子			
660	52	16	儀式歌		看新人	新沂縣	鬧新人房討果子歌			
661	53	17	儀式歌		看新人	新沂縣	讚新人衣飾之美			睢寧縣「誇新人」、銅山縣「看新人歌」、邳縣〈看新人歌〉
662	54	18	儀式歌		請新娘、出洞房	新沂縣	請新人出洞房接受祝福			邳縣〈請新人〉、〈送房請新人歌〉、睢寧〈請新人歌〉
663	55	19	儀式歌		送新人	新沂縣	送新人回洞房，十杯酒	十杯酒		睢寧、邳縣、銅山皆有同名歌謠
664	56	20	儀式歌		二十步送房歌	新沂縣	數數歌送房，每一數字結合歷史人物故事	一到二十八		
665	57	21	儀式歌		送房歌	新沂縣	勸女子嫁後賢良自持			邳縣〈勸嫁歌〉
666	58	22	儀式歌		送房歌2	新沂縣	十截窗歌，	十杯酒		
667	59	23	儀式歌		裝米斗歌	新沂縣	裝米斗以討喜		裝入寶鏡、貴米、金杯、	
668	60	24	儀式歌		十杯酒	新沂縣	敬酒歌	十杯酒		
669	61	25	儀式歌		請亡靈	新沂縣	唱請亡靈起程，分一到五更	五更調（唱白相雜）	唱述亡靈離世過程、叮囑亡靈謹慎起程	
670	62	26	儀式歌		躬人祭灶歌	新沂縣	賴請杜爺覽恕禮數不週			
671	63	27	儀式歌		新春送財神帖子歌	新沂縣	討喜歌	俐訣歌		

總量編號	地方編號	分類編號	類別	原分類	歌謠名（＊為代表歌謠）	原出處	主旨	形式	備註	異文
672	64	28	儀式歌		正月十五放刷把子歌	新沂縣	期待豐收	術訣歌	正月十五將破舊飯刷點火後往天空拋	
673	65	29	儀式歌		正月十五打椿樹歌	新沂縣	小孩求增高歌	術訣歌		
674	66	30	情歌		探病房	新沂縣	女子私探病中情郎，最後為情郎弔孝之歌			邳縣〈只恐外人望〉
675	67	1	情歌		花船調	新沂縣	男女對唱唱情答、探問答方式			銅山縣〈一只花船〉
676	68	2	情歌		更鼓小五更	新沂縣	唱教郎才女貌、相待成婚	五更調		
677	69	3	情歌		送棉衣	新沂縣	女子製衣送給當兵中的情人	五更調	只唱一更次	
678	70	4	情歌		四季相思	新沂縣	以春夏秋冬四季唱出相思			睢寧縣〈四季相思〉
679	71	5	情歌		十二月想郎	新沂縣	如題	十二月令		銅山縣〈盼郎誦〉、睢寧〈思〉、邳縣〈十二月思盼〉
680	72	6	情歌		鬧五更	新沂縣	分五更唱相思，各更都有模仿動物鳴叫	五更調	分別模仿蚊子、青蛙、小貓、小狗、公雞，成為口技模仿	東海〈相思鬧五更〉（連74）
681	73	7	情歌		小五更	新沂縣	女子夜與情人私會之歌	五更四送		邳縣〈五更四送〉
682	74	8	情歌		小五更	新沂縣	年輕男子私闖閨房，後被女子勸得明媒正娶	五更調		
683	75	9	情歌		姐在房中扣花針	新沂縣	女子臨嫁、勸情人另娶；最後兩人決意私奔		各縣皆有，但處理方式及結局不同	銅山〈姐在房中悶沉沉〉、睢寧〈扣花針〉、邳縣〈扣花針〉
684	76	10	情歌		太陽落山呈西斜	新沂縣	女子警告家中所養的雞、夜半莫啼，毀人姻緣			

總量編號	地方編號	分類編號	類別	歌謠名（*為代表歌謠）	原出處	主旨	形式	備註	異文
685	77	11	情歌	扣紋花	新沂縣	女子因天雨路滑，摔了禮物，也無法與情人相會			邳縣〈繡絨花〉、〈月亮出來了〉
686	78	12	情歌	姐兒送郎	新沂縣	女子夜與情郎私會，天明後送郎之歌	五更/四送調	內加入大量襯字、活潑生動	
687	79	13	情歌	荷花出水鮮	新沂縣	已婚夫妻互訴衷情之歌，歌分十段，		內容不大合理；連雲港歌謠中較合理	連雲港東海縣〈嘆十聲〉
688	80	14	情歌	十勸郎	新沂縣	女子勸情人十件大事	十勸郎調	炮車為煙花鄉；邳縣:「海州毛子住一晚，楊梅大瘩弄身來」；新沂縣:「炮車街上有徐海米，常去了，楊梅大瘩害起來。」	睢寧縣〈五勸郎〉、邳縣〈十勸郎〉
689	81	15	情歌	十寫歌	新沂縣	女子思夫，從一寫到十，想寫情書與情人。	十勸郎調		東海〈尤家二姑娘〉（連103）
690	82	16	情歌	姐在房中淚連連	新沂縣	女子臨終叮囑丈夫要再娶			邳縣〈王美情人〉、東海〈王美佳人〉（連p.136）
691	83	17	情歌	四季相思	新沂縣	如題	四季		睢寧縣〈四季相思〉、灌雲縣〈四季相思〉（連p.114）
692	84	18	情歌	小五更	新沂縣	女子丈夫被徵兵，思夫之歌，其間亦有想出勤之情	五更調		
693	85	19	情歌	妹妹獨等情哥來	新沂縣	女子思念情郎歌			
694	86	20	情歌	想起郎	新沂縣	女子因相思而哭。			銅山〈小姐想歌〉、邳縣〈門口有棵槐楊樹〉、東海〈想郎〉（連p.74）
695	87	21	情歌	李玉蓮	新沂縣	李玉蓮勸夫投軍報國	五更調李玉蓮調。	銅山〈勸郎參軍〉、邳縣〈李玉蓮進繡房〉	

總畫編號	地方編號	分類編號	類別	原分類	歌謠名（＊為代表歌謠）	原出處	主旨	形式	備註	異文
696	88	22	情歌		抓壯丁	新沂縣	女子哭歌丈夫被國民政府撤調從軍。		1.埋怨對象爲汪參謀；2.歌中說出徵壯丁時間爲民國三十六年；3.末段爲女子希望解放軍停放自己的丈夫好讓丈夫回家	睡露〈五更抓壯丁1〉、銅山〈哭五更〉、連雲港〈罵五更〉
697	89	23	情歌		姐兒房中才十五	新沂縣	女子急嫁歌			
698	90	24	情歌		姐兒摘瓜	新沂縣	女子摘瓜遇見未來婆家，暗罵丈夫再不來拖銀孩，自己已過兩年而拖銀孩移到家去			
699	91	25	情歌		勸郎戒賭歌	新沂縣	女子勸情郎戒賭，自己情願與之過日子			邳縣〈暗床暖舖你不睡〉
700	92	26	情歌		月兒漸漸高	新沂縣	女子哭夫被日軍炸死，勸四弟過人向日復仇。	「月亮漸漸高」調		邳縣〈李大嫂哭夫〉、〈月亮漸漸高〉、銅山〈月亮漸漸高〉、新沂〈放腳歌〉、連雲〈打敗日本好申冤〉
701	93	27	情歌		十探新人頭	新沂縣	女子出嫁後嫌棄丈夫醜，情願情郎即來搭救自己			
702	94	28	情歌		五勸郎別去當漢奸	新沂縣	勸情人物能從事漢奸工作	十勸郎調	劉同剛、孟昌樓、宋吉蘭、王洪良、	
703	95	29	情歌		勸郎要回家	新沂縣	當兵辛苦不自由，勸情郎別當國民政府的兵，也別隨之去台灣	十勸郎調	逐月唱，一到十月	
704	96	30	情歌		更裡小五更	新沂縣	女子怨恨抗日勝利後，國民黨徵兵使夫妻分離	五更調		
705	97	31	情歌	兒歌	綉荷包	新沂縣	女子十綉荷包，但情郎粗心，才戴就掉了，使女子心痛不已			

總重編號	地方編號	分類編號	類別	原分類	歌謠名（＊為代表歌謠）	原出處	主旨	形式	備註	異文
706	98		歷史傳說歌		孟姜女	新沂縣	孟姜女哭夫	十二月令		睢寧〈孟姜女送寒衣〉、邳縣〈孟姜女哭長城〉
707	99	1	歷史傳說歌		孟姜女哭長城	新沂縣		十二月令		
708	100	2	歷史傳說歌	時政歌	窮民苦	新沂縣	光緒二十四年災荒時的窮民生活狀況		描寫光緒二十四年所發生的全國性先水後旱的大災荒，顆粒無收，百姓扶老攜幼流離出外逃荒要飯，或凍死於荒郊或餓死於廟堂，苦不堪言。	
709	101	3	歷史傳說歌		十二月古人	新沂縣	十二個月的氣候景色變化帶出十二月古人英雄	十二月令		邳縣〈十二月古人名〉
710	102	4	生活歌		割韭菜	新沂縣	未婚女子夜裡生下私生子，將之拋棄		設想孩子被土、商、乞丐撿走	
711	103	1	生活歌		十二月大閨女	新沂縣	唱時髦女子的裝扮及所熱衷之事	海棠花調十二月令	「這正上的大閨女時興愛婆家，恨公婆，不要他，閨女長到十七八咳喲咳喲狠狠心後花園活活吊死他。」（？）	
712	104	2	生活歌		夫妻相罵	新沂縣	夫妻吵架歌，鄉人相勸			49年在解放軍區歡流行
713	105	3	生活歌		妓女苦	新沂縣	妓女命苦的一生	十二月令孟姜女調	自述口吻唱	邳縣〈妓女告官〉
714	106	4	生活歌		妓女悲愁	新沂縣	妓女哭訴命苦，活在青樓中的悲哀，期待遇到真心人得從良		與邳縣不同在於，此歌中妓女期待能遇到知心人從良	邳縣〈妓女悲秋〉
715	107	5	生活歌		娘家行	新沂縣	出嫁女兒與回娘家，受嫂子排擠		銅山:「有唱娘、來再嫁；無唱娘、永禾末J	銅山〈小馬杌、十二層〉睢寧〈小瓦屋，

總量編號	地方編號	分類編號	類別	原分類	歌謠名（＊為代表歌謠）	原出處	主旨	形式	備註	異文
716	108	6	生活歌		小女婿尿床	新沂縣	童養媳罵小女婿尿床		「有俺爹娘來一趟，無俺爹娘來占床」新沂：「有俺爹娘來兩趟，俺隨多會不扎你門旁」	十二層〉、連雲〈無多爹娘不踏來〉、銅山兒歌〈尿床女婿〉
717	109	7	生活歌		七歲郎	新沂縣	童養媳埋怨自己嫁的郎不是郎、兒不是兒		「等到郎大姐已老約，花開以後葉枯黃。」	邳縣兒歌〈童養媳罵小丈夫〉
718	110	8	生活歌		童養媳	新沂縣	述說童養媳生活的悲哀：被公婆打罵、吃不飽穿不暖、要求解脫唯有一死		1.兒化當結尾 2.「喝的剩湯照人影兒」形容湯薄無料	銅山〈童養媳〉
719	111	9	生活歌		楊大嫂訴冤	新沂縣	女子為童養媳多受夫家虐待，幸而改朝換代得以翻身			連雲〈楊大嫂〉、邳縣〈梁大嫂翻身〉、
720	112	10	生活歌		小寡婦上墳	新沂縣	寡婦哭訴無夫之苦，對寡居之苦著墨極深	十二月令		連雲〈睡寧皆有〈小寡婦上墳〉
721	113	11	生活歌		小寡婦上墳2	新沂縣	寡婦哭訴無夫之苦，對寡居之苦著墨極深	十二月令	唱到七月	
722	114	12	生活歌		光棍哭妻	新沂縣	遍訴光棍無妻之苦			睡寧〈銅山〈光棍哭妻〉
723	115	13	生活歌		小翠花	新沂縣	翠花嫁個傻子，限她三日生養。母親教她因應之道，翠花因此證明丈夫真傻，榮性離開他			
724	116	14	生活歌		小白菜	新沂縣	以小白菜出現黃珠起興，唱出後母待繼子的涼薄			睡寧〈小白菜〉、銅山〈親娘娘晚娘不一樣〉、銅山童謠〈親娘與晚娘〉

總畫編號	地方編號	分類編號	類別	原分類	歌謠名（＊為代表歌謠）	原出處	主旨	形式	備註	異文
725	117	15	生活歌		十月菜	新沂縣	新娶的媳婦如何操持家務，一到十月的農家生活	十二月令		
726	118	16	生活歌		怕字歌	新沂縣	怕字歌。寫世間令人害怕擔心的事			銅山〈二十五怕〉、銅山〈十三怕〉、睢寧〈新怕字歌〉、連雲港〈十怕〉
727	119	17	生活歌		蒸年糕	新沂縣	敘述新年閒蒸年糕然的趣味故事歌	中故事歌		
728	120	18	生活歌		賭博鬼	新沂縣	賭鬼輸錢，回家無理取鬧、還想嚷妻求錢	男女對歌	妻子無限委屈	
729	121	19	生活歌		十二月姑娘要嫁妝	新沂縣	女子要嫁妝歌	海棠花調/分十二個月唱之	1.可看出嫁妝種類；2.清代歌謠：「我郎......大辮子在後邊」	
730	122	20	生活歌		扛起小扒鋤	新沂縣	女子因婆媳不合受丈夫劈打，決意離婚唱言婦女翻身	小扒鋤調		
731	123	21	生活歌		十二月繡花燈	新沂縣	十二組分十二個月繡花燈，繡出歷史人物	十二月令		銅山、邳縣皆有同名歌，唯邳縣完整出嫁。本文則無
732	124	22	生活歌	時政歌	慾望無止境	新沂縣	如題			
733	125	23	生活歌	時政歌	大地主・真可惡	新沂縣	怨責地主無情暴虐			
734	126	24	生活歌	情歌	十月懷胎	新沂縣	唱出婦女懷胎時每個月生理、心理的變化及感受			邳縣〈十月懷胎歌〉
735	127	25	生活歌	兒歌	祭灶歌	新沂縣	請灶王爺上天美言、多帶子孫			

總量編號	地方編號	分類編號	類　別	原分類	歌　謠　名（＊為代表歌謠）	原出處	主　旨	形　式	備　註	異　文
736	128	25	生活歌	兒歌	扒鱉蛋	新沂縣	挖鱉蛋致富的歌			
737	129	25	生活歌		十二月雷	新沂縣	歌出農曆十二個月的雷鳴所可能帶來的結果及傳說	十二月令		
738	130	26	生活歌		十二月霧	新沂縣	歌出農曆十二個月氣候起霧所可能帶來的結果及傳說	十二月令		
739	131	27	兒歌		叫小孩出來玩歌	新沂縣	不出來玩的就殺掉，留下的供大家差遣			銅山〈磨大刀，殺小孩〉
740	132	1	兒歌		掐『毛小』歌	新沂縣	嘲弄遊戲玩輸的小孩		小兒遊戲時，輸了又逃回家的被稱爲『毛小』，類膽小鬼之意	
741	133	2	兒歌		摔泥炮	新沂縣	以泥巴爲素材的遊戲兒歌，扮家家酒			
742	134	3	兒歌		石龜	新沂縣	孩童想像與石龜對話的趣味兒歌			
743	135	4	兒歌		打金鼓	新沂縣	王母娘娘爲主題的兒歌			
744	136	5	兒歌		雞嘎嘎	新沂縣	雞叫帶動一整天的作息兒歌			
745	137	6	兒歌		坡兒南坡兒北	新沂縣	農作兒歌，種蕎麥			
746	138	7	兒歌		拾石籽歌謠 1	新沂縣	蘇北兒戲。蘇北地區數百年來相傳之戲，婦孺皆通			
747	139	8	兒歌		拾石籽歌謠 2	新沂縣				
748	140	9	兒歌		拾石籽歌謠 3	新沂縣				
749	141	10	兒歌		對花屏	新沂縣	遊戲方式進行問答歌。主要以各類花種爲主。			銅山縣「對花瓶」、「十開花」
750	142	11	兒歌		調皮屬第一	新沂縣	小朋友淘氣的兒歌			

總量編號	地方編號	分類編號	類別	原分類	歌謠名（＊為代表歌謠）	原出處	主旨	形式	備註	異文
751	143	12	兒歌		打柭	新沂縣	兒童打柭的遊戲歌			銅山縣〈小紅孩〉；睢寧〈小紅孩・挎竹籃〉
752	144	13	兒歌		小板凳	新沂縣	迎娶新娘的荒唐兒歌			睢寧〈小板凳・駄白布〉
753	145	14	兒歌		荒瓜葉	新沂縣	姐妹手足間的情誼兒歌			連雲港
754	146	15	兒歌		茶豆葉	新沂縣	讚美江北生活勝過江南的兒歌			連雲港
755	147	16	兒歌		小貨郎	新沂縣	綉花的想像兒歌，暗諷嫂子對小姑的刻待使小姑怨恨			
756	148	17	兒歌		小紅孩・推紅車	新沂縣	小孩被狗咬屁股			睢寧〈小紅孩・推紅車〉
757	149	18	兒歌		小紅孩提紅籃兒	新沂縣	描寫母親死了的孩子生活的不便		睢寧歌中寫的是縣夫生活的不便	邳縣〈小紅孩〉、新沂〈小紅孩兒提紅籃兒〉、睢寧〈小紅孩・挎竹籃〉、銅山〈小紅孩〉
758	150	19	兒歌		拾草的・刎茶的	新沂縣	廚房的荒唐兒歌		為睢寧〈小板凳・駄白布〉的後半	
759	151	20	兒歌		八仙樂	新沂縣	以八仙為主題的兒歌	頂眞兒歌		
760	152	21	兒歌		望月兒歌	新沂縣	廚房中的生活兒歌			銅山縣〈月姥娘・八丈高〉；邳縣〈月姥娘・八丈高〉、睢寧〈月姥娘・八丈高〉
761	153	22	兒歌		小巴狗 1	新沂縣	以養家為主題的生活兒歌、寫生活困苦、兒童哭饞的歌			銅山縣〈小巴兒狗〉、邳縣〈小紅孩〉

總量編號	地方編號	分類編號	類別	原分類	歌謠名（＊為代表歌謠）	原出處	主旨	形式	備註	異文
762	154	23	兒歌		小紅孩 1	新沂縣	嘲笑餘孩夫生活不便			邳縣〈小紅孩〉、新沂〈小紅孩兒提紅籃兒〉、睢寧〈小紅孩，拐竹籃〉、銅山〈小紅孩〉
763	155	24	兒歌		請奶奶	新沂縣	貧窮家庭姐妹輪流穿襪穿褲出門的打趣兒歌		與前清嘲嘴笑敗落滿人的笑話有異曲同工之妙	
764	156	25	兒歌		花喜鵲	新沂縣	母女對歌，唱出女兒在家依賴母親、等著出嫁依頭公婆的撒嬌心情			邳縣〈新娶的媳婦靠公婆〉
765	157	26	兒歌		買傘歌	新沂縣	存錢買傘、風大毀傘落得一場空			
766	158	27	兒歌		點麥蛾	新沂縣	兒童遊戲時的點人兒歌			
767	159	28	兒歌		小公雞，跳磨台	新沂縣	姐妹婚的娶親兒歌			
768	160	29	兒歌		人之初	新沂縣	改編三字經而成的順讀兒歌			
769	161	30	兒歌		還鄉隊	新沂縣	嘲諷還鄉隊作威作福、待解放後落魄的下場			
770	162	31	兒歌		小拐磨	新沂縣	嘲笑母親不會理家的兒歌			
771	163	32	兒歌		小叭狗	新沂縣	請舅舅吃飯的廚房兒歌			
772	164	33	兒歌		小干瓢	新沂縣	窮困家庭的分家兒歌			
773	165	34	兒歌		小豌豆	新沂縣	迎娶新娘的兒歌			
774	166	35	兒歌		打花啪	新沂縣	對花瓶時以廚房為主題的兒歌			
775	167	36	兒歌		小兩口炒芝麻	新沂縣	嘲笑小夫妻荒唐不懂事的廚房兒歌			

總量編號	地方編號	分類編號	類別	原分類	歌謠名（＊為代表歌歌謠）	原出處	主旨	形式	備註	異文
776	168	37	兒歌		拉大鋸	新沂縣	描述節慶兒歌的歡聚，不忘要找八路打鬼子			
777	169	38	兒歌		小金姐	新沂縣	富貴人家的女兒嫁到夫家後，仍處處可顯金貴			
778	170	39	兒歌		小螞蚱	新沂縣	小螞蚱去包煙			
779	171	40	兒歌		拍板腳	新沂縣	拍板腳兒歌			
780	172	41	兒歌		小大姐・小二姐	新沂縣	鐵匠打鑽的連串兒歌			
781	173	42	兒歌		拉豆昔	新沂縣	外孫抱怨外婆客嗇的歌謠			
782	174	43	兒歌		大刀欻	新沂縣	兒童的點人兒歌			
783	175	44	兒歌		小扁什彎又彎	新沂縣	用餃子敬天的兒歌			
784	176	45	兒歌		紅公雞	新沂縣	為媳婦明望蔡成婆可以吃好用好的心情		「吃碗及時飯、穿雙合腳鞋」	
785	177	46	兒歌		摸豆葉	新沂縣	暗諷女子偷情生子的兒歌			
786	178	47	兒歌		小火筒	新沂縣	以剪紙為主題的生活兒歌			邳縣〈張家娶個小巧人〉
787	179	48	兒歌		小老鼠	新沂縣	老鼠偷油歌			銅山〈小老鼠爬燈台〉；睢寧〈小老鼠，上燈台〉
788	180	49	兒歌		焦大姐	新沂縣	女子哭訴嫁個小丈夫的悲哀			
789	181	50	兒歌		小大姐・靠河埃	新沂縣	女紅兒歌		1.河涯：河沿，河邊之意；	
790	182	51	兒歌		小搬子	新沂縣	廚房兒歌，寫搬家請客			
791	183	52	兒歌		張鐵匠	新沂縣	唱鐵匠打鑼刀，可以收割及對民生的功用			

總量編號	地方編號	分類編號	類別	原分類	歌謠名（＊為代表歌謠）	原出處	主旨	形式	備註	異文
792	184	53	兒歌		兒歌1	新沂縣	對花瓶	頂真兒歌		
793	185	54	兒歌		兒歌2	新沂縣	女子嫁到婆家的心情，想知道婆家人如何評論自己			
794	186	55	兒歌		兒歌3	新沂縣	被賣的小工想親人的哀歌			
795	187	56	兒歌		月姥姥	新沂縣	廚房中的生活兒歌			銅山縣〈月姥娘・八丈高〉；邳縣〈月姥娘〉；睢寧〈月姥娘・八丈高〉、新沂〈望月兒歌〉
796	188	57	兒歌		新娘婦	新沂縣	表達新婦婚後迅速得子的兒歌		「豆粒剛發芽，孩子住外爬」	睢寧〈新錫歸・爬梯子〉
797	189	58	兒歌		風姥婆	新沂縣	寫風的兒歌			
798	190	59	兒歌		小白雞	新沂縣	寫沒母孤兒的可憐，只有娶妻得到安慰			銅山〈小白雞2〉
799	191	60	兒歌		小巴狗	新沂縣	以養家為主題的生活兒歌			銅山縣〈小巴兒狗〉、邳縣〈小紅孩〉、新沂〈小巴狗1〉
800	192	61	兒歌		小紅孩2	新沂縣	打趣童謠		多以鰥夫生活不便為主，只有新沂另有孤兒版本	邳縣〈小紅孩〉、新沂〈小紅孩兒提紅籃兒〉睢寧〈小紅孩・拐竹籃〉、銅山〈小紅孩〉
801	193	62	兒歌		小巴狗・你看家	新沂縣	戀愛兒歌			邳縣〈找荼喝〉
802	194	63	兒歌		小桃樹	新沂縣	喜唱桃樹雞小開花結果			
803	195	64	兒歌		練氣歌	新沂縣	利用歌訣練氣長短			

總量編號	地方編號	分類編號	類別	原分類	歌謠名（＊為代表歌謠）	原出處	主旨	形式	備註	異文
804	196	65	兒歌		小火叉	新沂縣	妗甥情節與家畜功用介紹		提及家畜有鵝、羊、狗、馬、牛、鱉、鴨、貓、豬	邳縣〈小火叉〉
805	197	66	兒歌		十報花名	新沂縣	前半為打花瓶，以食用蔬果的花為主題；後半段為打花竿	十杯酒		
806	198	67	兒歌		螞蝦算命	新沂縣	螞蝦一生，最後引發昆蟲大戰，似未完		與邳縣〈百草蟲弔孝〉類似，唯方向不同。	邳縣〈百草蟲弔孝〉類似；銅山縣〈小螞蝦歌〉
807	199	68	兒歌		顛倒語	新沂縣	與事實顛倒的歌謠	顛倒歌	鵝毛重、螞蟻大、碌碡輕、老鼠吞猁貓	〈顛倒歌〉中一部份
808	200	69	兒歌		顛倒歌	新沂縣	與事實顛倒的歌謠	顛倒歌	欽空：吹牛	銅山、邳縣皆有同名歌謠
809	201	70	兒歌		顛倒歌2	新沂縣	與事實顛倒的歌謠	顛倒歌		類似鬥歌的結果
810	202	71	兒歌		好人家	新沂縣	荒唐爆笑的家庭歌·描述一個家庭糟透了的家庭	故事歌	打趣荒唐家庭	類似鬥歌的結果
811	203	72	兒歌		說空	新沂縣	與事實顛倒的歌謠	顛倒歌	說空：吹牛	類似鬥歌的結果
812	204	73	兒歌		月月忙	新沂縣	誇張敘述一個孩子生老病死的種種，以月當年		「一輩子未見餃子湯」可見餃子湯是最平常的飲食	
813	205	74	兒歌		一棵秫秫打牛升	新沂縣	祈導新年豐收的歌謠			
814	206	75	兒歌	雜歌	小小涼船羅四方	新沂縣	船中生活的人家廚房歌謠	頂眞兒歌		
815	207	76	兒歌		八不沾	新沂縣	內容將歷史人物與史實胡亂混搭，完全沾不上邊，因此叫為八不沾			
816	208	77	兒歌		說空話	新沂縣	與事實顛倒的歌謠	顛倒歌		類似鬥歌的結果
817	209	78	兒歌		倒八歌	新沂縣	與事實顛倒的歌謠	顛倒歌		類似鬥歌的結果

總量編號	地方編號	分類編號	類別	原分類	歌謠名（＊為代表歌謠）	原出處	主旨	形式	備註	異文
818	210	79	兒歌		十八扯	新沂縣	與事實顛倒的歌謠	顛倒歌	以各月氣候為顛倒反常	類似鬥歌的結果
819	211	80	兒歌		繞口令	新沂縣	僧侶為主題的ㄥ韻繞口令	繞口令		
820	212	81	兒歌		繞口令5-1	新沂縣	ㄆ聲為主題的繞口令	繞口令		
821	213	82	兒歌		繞口令5-2	新沂縣	崔粗腿與崔腿粗	繞口令		
822	214	83	兒歌		繞口令5-3	新沂縣	ㄏ聲與ㄈ聲的繞口令	繞口令		
823	215	84	兒歌		繞口令5-4	新沂縣	ㄏ聲與ㄈ聲的繞口令	繞口令		
824	216	85	兒歌		繞口令5-5	新沂縣	ㄓ聲與ㄑ聲的繞口令	繞口令		
825	217	86	兒歌		拗口令1	新沂縣	《ㄅ聲與ㄅ聲的繞口令》（布與鼓）	繞口令		
826	218	87	兒歌		拗口令2	新沂縣	《ㄅ聲與ㄅ聲的繞口令》（擔與穀）	繞口令		
827	219	88	兒歌		禿禿抬	新沂縣	拐彎彎罵僧人的打趣童謠		「你家禿子死一窩」	
828	220	89	兒歌		我家有個胖娃娃	新沂縣	搖籃歌			
829	221	90	兒歌		觀音老母要吃桃	新沂縣	桃樹開花以桃敬觀音菩薩			
830	222	91	兒歌		小餃子、兩頭尖	新沂縣	用餃子敬天的兒歌			新沂〈小扁什彎又彎〉
831	223	92	兒歌		姑娘求風歌	新沂縣	求風來的歌			新沂〈風婆婆〉
832	224	93	兒歌		小拐磨2	新沂縣	嘲笑母親不會理家的兒歌			
833	225	94	兒歌		小白雞	新沂縣	比喻生養女兒不中用，還要陪嫁妝，因此詛咒再生女兒劈給狗的兒歌			

總量編號	地方編號	分類編號	類別	原分類	歌謠名（＊為代表歌謠）	原出處	主旨	形式	備註	異文
834	226	95	兒歌		小槐樹	新沂縣				
835	227	96	兒歌		青辣椒、紅辣椒	新沂縣	夫妻吵架吵嘴兒歌		「大哥大哥別生氣，兩口兒打仗嘻來意」	
836	228	97	兒歌		沼化肥	新沂縣	歌誦使用化肥的過程及結果			
837	229	98	兒歌		拾糞筐	新沂縣	嘲諷大躍進時代的荒唐讚收政策、收糞來卻用錯地方；並歌誦化肥對國家的貢獻		拾牛糞當肥料，「上到田裡不長糧」	
838	230	99	兒歌		上天堂	新沂縣	鼓勵人民勞動同時學習文化			
839	231	100	雜歌		二十唱	新沂縣	數數兒歌頌賢良	1~19、28		銅山縣〈頌賢良〉、睢寧縣〈數英雄〉
840	232	1	雜歌		變十字	新沂縣	從一到十的數字歷史人物及神仙故事歌	十杯酒	從一到十、再從十到一、再唱一到十	邳縣〈十字翻〉、睢寧〈九個字〉
841	233	2	雜歌		胡打算	新沂縣	講一婦人如何作發財家的白日夢，到頭來夢醒一場空		睢寧與邳縣收歌互有出入，但皆曰原產地為邳州	睢寧、邳縣〈胡打算〉
842	234	3	勞動歌		夯歌（薛家保唐）	睢寧縣	以夯歌形式說唱薛家保唐故事	夯歌	有四句謎，解釋仁貴名	
843	1	1	勞動歌	生活歌	收麥歌	睢寧縣	夏季收割麥子時所出的歌謠			
844	2	2	勞動歌	生活歌	四季歌	睢寧縣	四季農忙	四季		
845	3	3	勞動歌	生活歌	大鋼鈴	睢寧縣	拉車夫心聲			
846	4	4	時政歌		睢寧縣長姚爾覺	睢寧縣	讚頌良吏更除舊立新政。			
847	4	1	時政歌		八路軍穿草鞋	睢寧縣	盛讚八路軍備艱褸卻士氣高昂，能擊退日軍			

總量編號	地方編號	分類編號	類別	原分類	歌謠名（＊為代表歌謠）	原出處	主旨	形式	備註	異文
848	5	2	時政歌		蝸牛兒大螞蝦	睢寧縣	暗諷當權者自肥的醜惡行徑，就像是大螞蝦般可笑。	（順口溜）		
849	6	3	時政歌		得罪隊長幹重活	睢寧縣	提醒人我各當權官吏所司，以免得罪遭殃	（順口溜）		
850	7	4	時政歌		一天吃一兩	睢寧縣	當權者自肥，不受苦的醜態	（順口溜）		
851	8	5	時政歌		大幹部小幹部	睢寧縣	貧困生活中，幹部仍能自肥	（順口溜）		
852	9	6	時政歌		說時代	睢寧縣	對各年代的精準描述，暗含對政治的嘲諷			
853	10	7	時政歌		公章不如私章	睢寧縣	嘲諷走後門、用私人的行政牌籍	（順口溜）		
854	11	8	時政歌		村看村戶看戶	睢寧縣	地方視中央決定再行動、凡事有樣看樣	（順口溜）		
855	12	9	時政歌		苦了老百姓	睢寧縣	當官之便、百姓之苦	（順口溜）	要錢又要命	
856	13	10	時政歌		你說荒唐不荒唐	睢寧縣	嘲諷政策荒唐、百姓自給不足還要供匯上需	（順口溜）		
857	14	11	時政歌		吃菜要吃白菜心	睢寧縣	稱讚八路軍愛民			
858	15	12	時政歌		孩子媽，你別哭	睢寧縣	從軍者安慰妻子		反映出從軍對家庭的衝擊	
859	16	13	時政歌		大包幹、實在好	睢寧縣	嘲諷人民公社時期社員偷懶部有好日子			
860	17	14	時政歌		大米飯白麵饃	睢寧縣	說明人民公社時期的生活概意。			
861	18	15	時政歌		十畝地一頭牛	睢寧縣	歌頌共產主義的分配政策使窮人翻身。		土改時期	

總量編號	地方編號	分類編號	類別	原分類	歌謠名（＊為代表歌謠）	原出處	主旨	形式	備註	異文
862	19	16	儀式歌		攪轎歌	睢寧縣	從新人轎到夫家起，帶領各動作儀式的歌謠			
863	20	1	儀式歌		傳席歌	睢寧縣	婚禮時傳遞紅毯所念唱的歌謠			
864	21	2	儀式歌		拜天地歌	睢寧縣	攪轎歌異文，大同小異		詩歌杜甫其三句，樂奏同南第一章	
865	22	3	儀式歌		撒帳歌	睢寧縣	（如題）		以果撒帳	
866	23	4	儀式歌		看新人滿身花	睢寧縣	歌者帶領眾人觀新娘歌		1.全身以花名之；2.以紙捻照新娘；3.歌帶動作說明	
867	24	5	儀式歌		誇新人	睢寧縣	觀看新人歌異文		1.特別以新人鞋上所繡的故事為花樣，唱出大量文武大戲	
868	25	6	儀式歌		請新郎歌	睢寧縣	〈送房歌〉異文			
869	26	7	儀式歌		請新人歌	睢寧縣	歌讚新人夫妻相得、郎才女貌。			
870	27	8	儀式歌		十杯酒 1	睢寧縣	新婚時以數字從一到百的祝福酒令	十杯酒	七言律詩形式	
871	28	9	儀式歌		十杯酒 2	睢寧縣	以民國人物為主題的敬酒歌	十杯酒	1.以民國人物為主題；2.引群眾一次叫好、一次罵壞	
872	29	10	儀式歌		送新人歌	睢寧縣	送新人入洞房歌		短歌形式，主送新人（娘）入洞房	
873	30	11	儀式歌		送新郎歌	睢寧縣	〈請新郎歌〉異文			
874	31	12	儀式歌		祝酒	睢寧縣	向新娘祝酒歌	十杯酒	歌中所祝皆為前朝官名	
875	32	13	儀式歌		划拳歌 1	睢寧縣	以妙齡女子為發想的划拳歌			

總量編號	地方編號	分類編號	類別	原分類	歌謠名（＊為代表歌謠）	原出題	主旨	形式	備註	異文
876	33	14	儀式歌		划拳歌2	睢寧縣	以螃蟹為興的划拳歌異文		1.有動作說明；2.類似蓮花落	
877	34	15	儀式歌		新年討喜歌	睢寧縣	乞者新年貼財神、乞賞之歌			
878	35	16	情歌		十二月男女對口歌	睢寧縣	男女對唱情歌，從交往到成眷屬	十二月令	1.男女每月各唱一段；2.歌詞內容熱切直率、真誠大膽；3.歌調內容與《詩經・將仲子》類似	
879	36	1	情歌		四季相思	睢寧縣	女子相思歌。	四季	1.長歌；2.前述情緣之始	
880	37	2	情歌		十二恨	睢寧縣	恨未能及時婚嫁、迫切渴望婚姻生活的情歌。	十二段	分十二個項目埋怨	
881	38	3	情歌		勸夫參軍	睢寧縣	夫妻臨別，妻子勸丈夫一心參軍報效國家	五更小調	各段皆以各更天色為始	
882	39	4	情歌		思夫	睢寧縣	女子思念出外丈夫之歌	十二月令	1.加入一段仍潤月團圓；2.歌謠本身較多潤飾、歌亦較溫和	
883	40	5	情歌		五把金枝哩	睢寧縣	女子盼情郎幽會之歌	五更小調	綜合各段情歌	
884	41	6	情歌		情歌五首	睢寧縣	五段情歌表情意。			
885	42	7	情歌		五更抓壯丁1	睢寧縣	女子哭歌丈夫被國民政府徵調從軍。	五更小調	1.埋怨對象為同應欽；2.歌中說出徵壯丁時間為1946年。	
886	43	8	情歌		五更抓壯丁2	睢寧縣	女子哭歌丈夫被國民政府徵調從軍。	五更小調	1.提及政令執行方式；2.地方多勸女子改嫁。可見當時政令執行後狀況。	
887	44	9	情歌		四季相思2	睢寧縣	女子相思歌。	四季		
888	45	10	情歌		十二月調情	睢寧縣	女子思念出外抗戰的丈夫	十二月小調	1.末段較為形式化	

總量編號	地方編號	分類編號	類別	原分類	歌謠名（＊為代表歌謠）	原出處	主　旨	形　式	備　註	異　文
889	46	11	情歌		扣花針	睢寧縣	情人各自嫁娶的分手歌		拿得起、放得下、毫不眷戀的分手歌	
890	47	12	情歌		相約	睢寧縣	女子拉母親爲藉口會情人		可見得蘇北人眞率的感情世界	
891	48	13	生活歌	時政歌	家家戶戶去逃荒	睢寧縣	1970年土地返鹼無法耕作逃荒之事		1970年探錄	
892	49	1	生活歌	時政歌	排子房一條線	睢寧縣	描述新式生活事物的歌	（順口溜）	樓房、電力、公車	
893	50	2	生活歌		樹上結滿金銀果	睢寧縣	農民指望高經濟價值作物得大利益			
894	51	3	生活歌		牆上畫大不咬人	睢寧縣	道世理民情，諷中看不中用。			
895	52	4	生活歌		泡桐樹五把租	睢寧縣	70年代常見的訂婚禮品	順口溜		
896	53	5	生活歌		戀愛條件歌	睢寧縣	70年代文革時期女子婚嫁的理想要求	順口溜		
897	54	6	生活歌		洪湖水浪打浪	睢寧縣	70年代農村女子擇偶標準，只求平安順遂			
898	55	7	生活歌		賀春節	睢寧縣	春節喜歌。可見農民只求豐衣足食，別無他求的平凡心願。			
899	56	8	生活歌		＊老年歌	睢寧縣	形容人及老年的種種變化及生活不便	七言長歌		
900	57	9	生活歌		＊小寡婦上墳	睢寧縣	對寡居之苦著墨極深	十二月小調	每段最後一呼一罵，先叫丈夫後罵死人	
901	58	10	生活歌		十二月光棍哭妻	睢寧縣	遍訴光棍無妻之苦。	十二月小調	每月最末哭以「前（賢）妻來，夜子娘，思起前妻哭一場啊！」	

總量編號	地方編號	分類編號	類別	原分類	歌謠名（＊為代表歌謠）	原出處	主旨	形式	備註	異文
902	59	11	生活歌		＊男哭夫上墳	睢寧縣	哭訴光棍無妻、嬌兒無母的悲慘生活	十二月小調	每月句末哭腔：「賢妻呀！」「孩的娘啦！」	
903	60	12	生活歌		小白菜	睢寧縣	以小白菜出現黃班起興，唱出後母待繼子的涼薄			
904	61	13	生活歌		百字銘	睢寧縣	勸喻世人學習幼何持盈保泰、養生續命	五言長歌		
905	62	14	生活歌		宣統只做兩年半	睢寧縣	暗諷政局不穩，民生飄搖			
906	63	15	生活歌		賢良女	睢寧縣	勸夫歌。賢良妻子勸夫改過向善、改邪歸正	十言歌		
907	64	16	生活歌		五勸郎	睢寧縣	女子勸夫勿掛兒女私情、遠煙花、莫賭博、勿遠遊、正直做人、平安度日	十勸郎調		
908	65	17	生活歌		天上下雨地下滑	睢寧縣	勸人自立自強、勿指望他人相幫	順口溜		
909	66	18	生活歌		不如出門好	睢寧縣	女大當嫁	順口溜		
910	67	19	生活歌		＊吃大煙的人	睢寧縣	分十段反諷抽鴉片者種種非人行逕			
911	68	20	生活歌		王三姐賣鞋	睢寧縣	介紹縫鞋手藝、同時說明女子理想的夫家	問答歌		
912	69	21	歷史傳說歌	儀武歌	數英雄	睢寧縣	數數兒歌頌賢良	1～19、28	2.比較見文字檔；2.列孟姜女為英雄	
913	70	22	歷史傳說歌		水漫金山	睢寧縣	〈白蛇傳〉水漫金山一段			
914	71	23	歷史傳說歌		孟姜女送寒衣	睢寧縣	孟姜女故事	十二月小調		

總量編號	地方編號	分類編號	類別	原分類	歌謠名（＊為代表歌謠）	原出處	主旨	形式	備註	異文
915	72	1	歷史傳說歌		小放牛	睢寧縣	以歷史傳說故事為內容的問答歌	1.問答歌；2.男女對唱		
916	73	2	兒歌	生活歌	花喜鵲尾巴長	睢寧縣	嘲諷娶妻忘親			
917	74	3	兒歌		拉大鋸・拉大鋸	睢寧縣	以回娘家為主題的兒歌，貧窮兒歌	應答群歌		
918		1	兒歌		簁了金・簁了銀	睢寧縣	遊戲時的念唱歌・模仿大人篩簁			
919	75	2	兒歌		簁・簁・上哪的	睢寧縣	遊戲時的念唱歌・模仿大人篩簁			
920	76	3	兒歌		藏巴貓・狗咬旋	睢寧縣	戰鬥遊戲歌			
921	77	4	兒歌		刷把子・溜溜燈	睢寧縣	嘲笑老曾衣曾破散			
922	78	5	兒歌		雞毛雞毛你上天	睢寧縣	擬人歌			
923	79	6	兒歌		踢板腳・絆板腳	睢寧縣	動作遊戲歌・言及方位及農作物種類			
924	80	7	兒歌		挑兵鬥遊	睢寧縣	分組戰鬥遊戲歌			
925	81	8	兒歌		小紅孩推紅車	睢寧縣	小孩被狗咬屁股的兒歌			
926	82	9	兒歌		巴根草	睢寧縣	叔嫂打趣歌			
927	83	10	兒歌		小紅孩・上紅山	睢寧縣	與動物嬉玩歌			
928	84	11	兒歌		小槐樹・花喜高	睢寧縣	孩童互戲歌			
929	85	12	兒歌		月姥娘亮堂堂	睢寧縣	藉小豬歌思母			
930	86	13	兒歌		小紅孩挎竹籃	睢寧縣	嘲笑蘇夫廚房生活不便	問答歌		
931	87	14	兒歌		小板凳・駝白布	睢寧縣	嘲笑生活荒唐歌			
932	88	15	兒歌		走家了・家走了	睢寧縣	生活絡餅打趣歌			
933	89	16	兒歌		小白雞・刨穩子	睢寧縣	調笑新娘			
934	90	17	兒歌		大雁大雁擺不齊	睢寧縣	兒童玩笑罰咒兒歌			

總量編號	地方編號	分類編號	類　別	原分類	歌　謠　名（＊為代表歌謠）	原出處	主　旨	形　式	備　註	異　文
935	91	18	兒歌		天上星，地上燈	睢寧縣	擬人生活歌，寫過年的熱鬧			
936	92	19	兒歌		攪郎郎，拾豆吃	睢寧縣	笑唱生活困苦歌			
937	93	20	兒歌		金針菜，插碼糊	睢寧縣	嘲弄夫妻床頭打床尾和			
938	94	21	兒歌		小巴狗，講義氣	睢寧縣	與動物嬉玩歌			
939	95	22	兒歌		小毛丫，別要繞	睢寧縣	預示新娘出嫁生活的兒歌		「丈夫愛你還好過，婆婆罵你怎麼了。吃的再好也想家，還是回來跟媽媽」	
940	96	23	兒歌		小大姐，小二姐	睢寧縣	調笑新娘，模擬迎娶過程歌			
941	97	24	兒歌		小瓦屋，十二層	睢寧縣	模擬家庭生活歌，寫出嫁女子與娘家關係已成仿客人	問答歌		
942	98	25	兒歌		小老鼠上燈台	睢寧縣	與動物嬉玩歌			
943	99	26	兒歌		小簸箕，簸又簸	睢寧縣	遊戲時的念唱歌，模仿成人世界生活			
944	100	27	兒歌		唐僧騎馬蹬蹬蹬	睢寧縣	看單《西遊記》後所編出的故事歌	連珠修辭		
945	101	28	兒歌		新媳子，爬梯子	睢寧縣	調笑新娘婚後生活			
946	102	29	兒歌		紅頭繩，綠頭繩	睢寧縣	開心打扮歡樂歌			
947	103	30	兒歌		月姥娘，八丈高	睢寧縣	廚房中的生活兒歌	連珠修辭		
948	104	31	兒歌		推迷	睢寧縣	依邏輯推理猜謎歌	問答歌		
949	105	32	兒歌		小紅孩，扛紅槍	睢寧縣	兒童模擬抗日鬥爭歌			
950	106	33	兒歌		點點當當	睢寧縣	打趣新舊官員父替的童謠			

總量編號	地方編號	分類編號	類別	原分類	歌謠名（＊為代表歌謠）	原出處	主旨	形式	備註	異文
951	107	34	兒歌		交錢歌	睢寧縣	生活打趣歌	連珠修辭		
952	108	35	雜歌	生活歌	光陰一去沒處尋	睢寧縣	前六句勸人有備無患；後四句勸人珍惜光陰。（人生哲理）		1.歌謠內容與主題似有訛誤或混雜 2.歌中提及黃金，似前後不連貫	
953	109	36	雜歌	生活歌	歌謠五首	睢寧縣	類順口溜，說明種種生活經驗及智慧。（人生哲理）			
954	110	35	雜歌	生活歌	＊喬媽媽罵貓	睢寧縣	喬媽媽偷貓賊，罵遍六十七行，再準備罵者不得好報的趣味歌	長歌	1.以散板、風陽調、丹陽調、亞由調唱之；2.是極具代表性的蘇北長歌敘事歌	
955	111	1	雜歌		風花雪月	睢寧縣	歌誦風、花、雪、月等四項自然景觀	七言十句		
956	112	2	雜歌		知足歌	睢寧縣	勸人勿渴華服、美食、美妻、子祿。（人生哲理）	四季	以「請看破，莫未過」繫於上下文	
957	113	3	雜歌		忍耐歌	睢寧縣	勸人以忍保身護家，以免後患無窮。（人生哲理）	七言		
958	114	4	雜歌		醒世歌	睢寧縣	教人做人處世的方向及達觀的態度。（人生哲理）	七言		
959	115	5	雜歌		新怕字歌	睢寧縣	指出各行各業、身體心理、國家社會的危機及困難所在，鼓勵世人克服。（人生哲理）	七言		
960	116	6	雜歌		十二月講實話	睢寧縣	唱出世間真理與常理（人生哲理）	十二月小調		
961	117	7	雜歌		桂花洛	睢寧縣	以桂花喻貴人，唱出未婚女子的白夢	十二月歌		

總量編號	地方編號	分類編號	類別	原分類	歌謠名（*為代表歌謠）	原出處	主旨	形式	備註	異文
962	118	8	雜歌		九字歌	睢寧縣	用數字一到九，編唱出與數字有關的歷史人物及故事	十杯酒		
963	119	9	雜歌		百花爭鬪	睢寧縣	巧妙將五十餘種北方常間花卉擬人化，織就一場花國大戰	以淮紅、疊橋斷、小郎調、上河調、淮紅大過板歌之		
964	120	10	雜歌		觀燈	睢寧縣	主要描述元宵燈會的盛況，各式主題燈區種類繁多且盛	長歌	整首歌猶如一片燈海，顯示出中國文化中對於元宵燈節的重視。將各式燈陣、燈區一一唱出。	
965	121	11	雜歌		自在人	睢寧縣	描述稱心如意的理想條件，可謂是中國文化中一個人烏托邦的理想模型	長歌	成歌時間應在清代	
966	122	12	雜歌		臥看牛郎織女星	睢寧縣	唱述牛郎織女故事歌			
967	123	13	雜歌		古今大會戰	睢寧縣	將古今所有人物匯聚一起，展開大會戰			
968	124	14	雜歌		胡打算	睢寧縣	講一婦人如何作發財夢，到頭來夢家的白日夢，到頭來夢醒一場空	敘事長歌	1.清代傳下的敘事長歌；2.對當時人們的衣食住行、社會風俗、生活資事、市集分佈等都有介紹	
969	125	15	雜歌		順口溜	睢寧縣	人生哲理			
970	126	16	雜歌		還賬歌	睢寧縣	名爲還賬，實爲要賴借皮的賴賬歌			
971	127	17	雜歌		四季歌	睢寧縣	將十二個月分四季，唱出環境的自然變化	四季		
972	128	18	勞動歌		漁民號子	連雲港	漁民下網捕魚時的勞動歌，用以齊一動作。		時代爲中共建政之後	

總量編號	地方編號	分類編號	類別	原分類	歌謠名（＊為代表歌謠）	原出處	主旨	形式	備註	異文
973	1	1	勞動歌		漁家話	連雲港	說明漁家所應注意及了解的相關知識		如有各季節漁產種類及品質的說明；各魚種化對漁產的反應；氣候變化對漁種的捕撈方式；特定漁種短變化的規則等等	
974	2	2	勞動歌		什麼歌	連雲港	以漁業知識爲主要內容的問答歌			
975	3	3	勞動歌		探茶調	連雲港	描述從正月到十二月茶農的作息狀況	十二月採茶歌	每年九月起，茶葉主要賣往揚州出售，其次是賣到山西；最後才賣到比鄰的山東。	
976	4	4	勞動歌		探茶調 2	連雲港	分十月記錄每個月茶農的生活	十月採茶歌	豆角是副食品；同樣養鹽。	
977	5	5	勞動歌		鐵匠歌	連雲港	以小鐵鎚的歲打鐵材期望日進斗金			
978	6	6	勞動歌		木匠歌	連雲港	把木匠的鋸、砍、鑿、刨賦與吉利與富貴的意義		斧子一欣月生揮：刨子一推賞成推。	
979	7	7	勞動歌		十月探茶	連雲港	以探茶爲引，帶出產茶地區人家生活記錄	十二月		探茶調 2
980	8	8	勞動歌		夯房基	連雲港	從準備到歇工，完整的夯歌。	分起、順、頌、歇四段夯歌	整個夯歌起落有致，兼具實用與趣味性	
981	9	9	勞動歌		換得原鹽滾滾來	連雲港	描寫夏天鹽工煮鹽的工作，辛苦但值得。提醒鹽工辛苦付出才會有好收穫			

總量編號	地方編號	分類編號	類別	原分類	歌謠名（＊為代表歌謠）	原出處	主旨	形式	備註	異文
982	10	10	勞動歌		如今鹽工膽包天	連雲港	以龍王的口吻，埋怨時人無所畏懼，一心得鹽泉的勇氣與毅力			
983	11	11	勞動歌		鹵水謠	連雲港	描寫灶民煮鹽的艱苦與辛勞		碑塘體圓底而深，塘塘水重至十水靠手拎五十斤，累得腰疼骨寒，水斗一揚滿身誠。	
984	12	12	勞動歌		鹽河縴夫愁	連雲港	描述縴夫拉縴運鹽之苦，對縴夫生涯的悲慘提出最嚴厲的控訴。		人不餓死背縴，上縴夫苦。鹽河邊	
985	13	13	勞動歌		船民謠	連雲港	描寫船民受主東剝削，只得在海上維生、不得靠岸的情況。			
986	14	14	勞動歌		大關好	連雲港	描寫天足的優點：能跑能跳，便於工作。		主要流傳於灌雲、東海	
987	15	15	勞動歌		掌官狗吱養	連雲港	以灶民的口吻，痛罵管理者的非人態度。		發種斗小，收鹽用大管，三餐魚和肉，灶民呑菜樣。	
988	16	16	勞動歌		土匪寶在壞	連雲港	痛罵灶民管理者劉九官與綜稅的惡毒，期待被解放以求解脫。			
989	17	17	勞動歌		哪天能過太平年	連雲港	痛恨綜稅的剝削與惡毒。			
990	18	18	勞動歌		派秋風	連雲港	寫垣商惡毒荒唐的行徑：逢年過節拾著豬肉由秋風吹派肉香，權當作已經分派了豬肉。			
991	19	19	勞動歌		垣商池子沒晒頭	連雲港	描寫灶民爲垣商工作毫無利益可言；更目受到極大剝削			

總量編號	地方編號	分類編號	類別	原分類	歌謠名（＊為代表歌謠）	原出處	主旨	形式	備註	異文
992	20	20	勞動歌		公司老爺如狼虎	連雲港	寫舊時代壯民受到剝削、食不得飽、衣不得暖、還不斷受到垧商荼毒以非人待人待遇的慘狀			
993	21	21	勞動歌		挑水謠	連雲港	壯民挑水還受垧商輕賤的遭遇		挑水到板浦、垧吃水只要前邊桶，挑水壓得垧挑夫挑水壓得腳後桶爛泥，塵土濺到桶裡，不能吃	
994	22	22	勞動歌		壯民當年苦難當	連雲港	描述壯民生活艱苦、忍受非人待遇的生活慘況			
995	23	23	勞動歌		壯民恨	連雲港	分十二月描述壯民生活之苦	十二月恨歌	垧財主、掌管、日寇、國民黨、保長、土匪、鹽商、惡霸、鹽警、社會、同事及鄉丁	
996	24	24	勞動歌		上海潮	連雲港	一九三九年時，因有颱風侵襲出現海嘯，導致多數壯民橫死的慘痛歷史。			
997	25	25	勞動歌		舊社會壯民苦處沒盡頭	連雲港	全歌以頭為韻腳，描寫壯民的艱苦			
998	26	26	勞動歌		壯民生活沒過頭	連雲港	描寫壯民生活毫無人格與意義可言；年復一年、遙遙無盡期			
999	27	27	勞動歌		農人忙	連雲港	農人終年忙碌、還要受地主剝削的情況			
1000	28	28	勞動歌		雇工謠	連雲港	描述雇工所受到的刻薄待遇，但迫於生計，也只能吞忍。			

總彙編號	地方編號	分類編號	類別	原分類	歌謠名（＊為代表歌謠）	原出處	主旨	形式	備註	異文
1001	29	29	時政歌		糧食又漲價	連雲港	描寫糧食不足，人心惶惶			
1002	30	1	時政歌		儲備票	連雲港	描寫已無價值的儲備票，最後只能拿來當柴燒			
1003	31	2	時政歌		月亮一出照四周	連雲港	描寫舊時代貧富差距極大，窮人生活艱困。			
1004	32	3	時政歌		過去社會老封建	連雲港	描寫婦女地位因共產黨而得以翻身			銅山縣〈婦女翻了身〉、〈翻身不忘解放軍〉
1005	33	4	時政歌		白兵來到班裡庄 1	連雲港	白兵山部到班裡庄搜括的情狀			
1006	34	5	時政歌		白兵來到班裡庄 2	連雲港	孫傳芳部 16 年退卻前在班庄搜括民脂民膏的情狀			
1007	35	6	時政歌		蟲蚊萬千	連雲港	從羽山到磨山，土匪眾多，李洪謙是其中之一			
1008	36	7	時政歌		羽山霸磨山王	連雲港	怒罵國民黨鎮長張玉堂比土匪更可惡，任由土匪肆虐百姓。			
1009	37	8	時政歌		抬財神	連雲港	記錄土匪綁架社民求民財的歌謠			
1010	38	9	時政歌		派秋風	連雲港	財主拿臭豬肉框家框戶，訛詐社民，逼社民買臭肉。			
1011	39	10	時政歌		李開杭真萬惡	連雲港	土匪李洪謙的部下李季開杭人鄉打代相村，虧得村民團結力守，沒被洗劫			

總童編號	地方編號	分類編號	類別	原分類	歌謠名（＊為代表歌謠）	原出處	主旨	形式	備註	異文
1012	40	11	時政歌		李堰集不可趕	連雲港	有人在李堰集賣粉條時，未使用抗戰流通票而被土匪李開抗打死，所以流傳出李堰集不可趕的歌謠			
1013	41	12	時政歌		兒罵徐繼太	連雲港	徐繼太（泰）降於日本、又私吞軍費，放任手下軍人四處搜括民財，因而兒罵他終有一日會得到報應			
1014	42	13	時政歌		千萬別常備隊	連雲港	因常備隊待遇差又不得人心，於是勸人勿入常備隊			
1015	43	14	時政歌		土匪招安賢在壞	連雲港	痛罵杜民管理者劉九官與徐繼太的惡毒，期待被解放以求解脫。			〈土匪賢在壞〉
1016	44	15	時政歌		杜民何處把理講	連雲港	杜民受鹽警誣陷、敲詐			
1017	45	16	時政歌		罵五更	連雲港	內容理怨蔣介石於民國三十六年徵兵，造成夫妻分離	五更調		睢寧縣情歌〈五更抓壯丁 2〉、邳縣〈罵五更〉、〈罵五更〉
1018	46	17	時政歌		十恨	連雲港	分別怨恨蔣介石、反動派、小國特、同應欽、白崇禧、閻錫山、顧祝同、胡宗南、段茶茂。		時政歌謠，以當時中共的敵人為目標，一一怨罵	
1019	47	18	時政歌		翻身謠	連雲港	以天地為首尾，描述共產黨未到前後的差異。			
1020	48	19	時政歌		抗戰勝利	連雲港	描述蘇聯加入戰局沒多久日本就投降了。			

總量編號	地方編號	分類編號	類別	原分類	歌謠名（＊為代表歌謠）	原出處	主旨	形式	備註	異文
1021	49	20	時政歌		勸郎當兵去抗戰	連雲港	李玉蓮之妻勸丈夫放下天地事業上戰場報國耀家。	李玉蓮調/五更調		邳縣〈李玉蓮進綉房〉、銅山縣時政歌〈送郎連〉；邳縣〈李榮牌子掛門庭〉
1022	50	21	時政歌		打敗日本好伸冤	連雲港	女子哭丈夫無辜被日軍殺死			邳縣〈李大嫂哭夫〉、
1023	51	22	時政歌		抗日參軍歌	連雲港	鼓吹從軍是光榮的事			邳縣〈光榮牌子掛門庭〉
1024	52	23	時政歌		大姐一心抗戰去	連雲港	從女性角度，強調男女都應為了國家民族，上戰場驅逐日軍			銅山縣〈抗戰不是為自己〉
1025	53	24	時政歌		調軍	連雲港	妻子送丈夫參加八路軍抗日時種種的離別動作。	賣水飲調		銅山縣〈送郎哥〉、邳縣〈送夫〉
1026	54	25	時政歌		賣鞋	連雲港	介紹縫鞋手藝、同時說明女子理想的夫家	姐兒調	與他地不同，此歌中男子直接要求賣女子隨自己私奔。	銅山縣〈王大姐賣鞋〉、睢寧〈王三姐賣鞋〉
1027	55	26	時政歌		十二月	連雲港	記錄老四團對戰偽政府軍的過程	十二月歌調		
1028	56	27	時政歌		勸郎去當兵	連雲港	婦女在家勸丈夫全力改打中央軍	四季調		
1029	57	28	時政歌		太陽一出紅彤彤	連雲港	敘述共黨解放裕通一帶壯民的經過		裕通為鹽業公司所掌管的鹽區名	
1030	58	29	時政歌		海陵縣動刀槍	連雲港	描述共軍在海陵縣對抗日軍及偽政府軍隊的過程。			
1031	59	30	時政歌		游擊小組起來幹	連雲港	鼓舞游擊隊士氣、全心抗日			

總量編號	地方編號	分類編號	類別	原分類	歌謠名（＊為代表歌謠）	原出處	主旨	形式	備註	異文
1032	60	31	時政歌		可笑	連雲港	以顛倒是非見的常見事物為始，強調漢奸所做的事情不合常理且可笑			
1033	61	32	時政歌		鬧公司	連雲港	解放軍出現後，杜民集體向鹽公司鬧事			
1034	62	33	時政歌		老蜻蜓	連雲港	描述八路軍抗日		以老蜻蜓為興，強調經驗豐富	
1035	63	34	時政歌		石榴花開胭脂紅	連雲港	從軍者告別家人時踐別的敬酒歌。特別告誡妻子。			銅山縣〈石榴開花滿樹紅〉
1036	64	35	時政歌		小鬼縮湯員困難	連雲港	趁日軍來襲前趕早收割麥子，讓日軍無所所種			邳縣〈棉花摘到尚樓旁〉〈摘開俏煙摘棉花〉〈收割拉打一夜完〉
1037	65	36	時政歌		淮海戰役民夫歌	連雲港	強調民夫只要有決心也能衝鋒陷陣			
1038	66	37	時政歌		得罪不起	連雲港	強調管理階級不能得罪，以免吃苦吃虧			睢寧縣〈得罪隊長得重話〉、邳縣〈隊幹部不敢惹〉
1039	67	38	時政歌		沾光	連雲港	描述大躍進時代妻以夫貴、沾光得便宜的特權			
1040	68	39	儀式歌		送灶歌1	連雲港	臘月二十三祈求灶王爺上天美言帶來平安及子嗣的禱詞			
1041	69	1	儀式歌		送灶歌2	連雲港	生活貧苦的百姓送灶詞祈求原諒的禱詞			
1042	70	2	儀式歌		上梁歌	連雲港	上梁時圖吉利的喜歌			
1043	71	3	儀式歌	結婚喜話1	請新人下轎	連雲港	請新娘下轎歌			

總量編號	地方編號	分類編號	類別	原分類	歌謠名（＊為代表歌謠）	原出處	主旨	形式	備註	異文
1044	72	4	儀式歌	結婚喜話 1	進洞房	連雲港	從進洞房門、門帘、新床等一一用吉言美語添加喜慶氣氛。並預祝新婚夫妻早生貴子			
1045	73	5	儀式歌	結婚喜話 1	鬧洞房	連雲港	用火光照遍新人頭上腳下……加以讚美及祝福			
1046	74	6	儀式歌	結婚喜話 1	出洞房	連雲港	對新人出新房的每一步都以吉語祝福及給予美好吉兆			
1047	75	7	儀式歌	結婚喜話 1	送房	連雲港	送新郎入洞房			
1048	76	8	儀式歌	結婚喜話 1	點喜燈	連雲港	點喜燈時的儀式祝福歌			
1049	77	9	儀式歌	結婚喜話 1	敬酒	連雲港	對新郎新娘敬酒歌			
1050	78	10	儀式歌	結婚喜話 1	撒床	連雲港	十撒床。	十字歌	栗子、棗子主要撒床的物件	
1051	79	11	儀式歌	結婚喜話 1	觀窗	連雲港	聽房時的順口儀式歌		即聽房的舊俗	
1052	80	12	儀式歌	結婚喜話 2	迎新人	連雲港	迎接新人入門下轎			請新人下轎
1053	81	13	儀式歌	結婚喜話 2	拜堂	連雲港	將新人讚美為狀元及女紅鸞			
1054	82	14	儀式歌	結婚喜話 2	觀喜房	連雲港	勞人讚美喜房的吉言歌			
1055	83	15	儀式歌	結婚喜話 2	進喜房	連雲港	誇讚新人在喜房內能早生貴子、喜房內華美幸福			進洞房

總量編號	地方編號	分類編號	類別	原分類	歌謠名（＊為代表歌謠）	原出處	主旨	形式	備註	異文
1056	84	16	儀式歌	結婚喜話2	點燭	連雲港	點喜燈時的儀式祝福歌			點喜燈
1057	85	17	儀式歌	結婚喜話2	撒帳	連雲港	撒帳歌，將所撒之物比作珍珠			
1058	86	18	儀式歌		鬧房歌	連雲港	從請新人下牙床、到迎新人出房到堂前、接受眾人祝福；隨後敬新人酒、連敬十四杯、再送入洞房			
1059	87	19	儀式歌		鬧房歌2	連雲港	先讚喜房、再讚美人；三讚步履富貴；四讚夫妻相得；其後敬酒、再祝早生貴子、連生九子二女。			
1060	88	20	儀式歌		鬧房喜話	連雲港	現代化的鬧房喜歌，除了祝福新人、也讚美共黨政策			
1061	89	21	儀式歌		開臉謠	連雲港	新人抱臉時、同步拿紅雞蛋在臉上滾動的儀式歌			
1062	90	22	儀式歌		祝壽喜話	連雲港	祝壽時將所有具有長壽意味的事物及傳說集合在一起		壽桃、壽山、彭祖、壽星、諸路神靈保平安，做知縣、做知州、洗洗溝、做王侯。	
1063	91	23	儀式歌		洗三歌	連雲港			「黃道吉日來洗三，洗洗蛋，做知縣，洗洗溝，做知州，洗洗頭，做王侯。」	洗三是小兒誕生之禮儀。「三日洗兒謂之洗三」。(清)崇彝《道咸以朝雜記》洗時，浴盆中置喜蛋、金銀飾物等，據說有讓驚、免瘟病等作用。洗三歌是接生三時的喜話，各地均有流傳。

附 表

總量編號	地方編號	分類編號	類別	原分類	歌謠名（*為代表歌謠）	原出處	主旨	形式	備註	異文
1064	92	24	儀式歌	兒歌	出村口	連雲港	拿石碑下的龜，恐嚇不誠實的後果			
1065	93	25	儀式（術訣）歌	兒歌	肚兜歌	連雲港	打趣姑姑贈肚兜的習俗			
1066	94	26	儀式歌	兒歌	拜月謠		正月初三拜月求美牙		「風牙火牙我不要，只要一口糯米牙」	海州地方正月初三能見到月牙時，一些女童以蒲團作墊跪著拜月，連唱七遍乞巧。
1067	95	27	儀式歌	兒歌	滅蟲謠─炒蟲謠		炒蟲		「炒，炒，炒什麼的？/炒蟲的。/炒死沒/炒死了。」	
1068	96	28	儀式歌	兒歌	滅蟲謠─炸蟲謠		炸蟲		「炸，炸，炸什麼的？/炸蟲。/炸蟲多大？炸蟲子娘。/炸得蟲子光光，/五穀雜糧堆滿倉。」	東海縣一帶正月初五、十五和二十五正月十五晚上，農家都要舉行放鞭炮、炒雜糧、點燈籠的活動，謂之炸蟲、炒蟲與滅蟲。大人小孩唱如是歌，祈求滅蟲無災、五穀豐登。
1069	97	29	儀式歌	兒歌	滅蟲謠─照蟲謠				「照什麼的？/照蟲的。/照什麼蟲？/照蝦子。/照得蝦子兩裁子。/照什麼蟲？/照毛毛蟲。/照毛毛蟲/照得毛毛蟲害腰疼。」	
1070	98	30	儀式歌	兒歌	七個大姐掏陰溝		祈雨歌		「七個大姐掏陰溝/大雨下得漫海州/大河滿，小河溜。」	旱時，一般小村無法大規模求雨，則組織七名女童，戴斗笠、拿鋤頭、邊扒邊唱此歌，有的每家邊唱邊扒、連唱七遍。

總量編號	地方編號	分類編號	類別	原分類	歌謠名（＊為代表歌謠）	原出處	主旨	形式	備　註	異　文
1071	99	31	儀式歌	兒歌	求雨訣				「小人求雨，萬民得濟。／風調雨順日，國泰民安時。」	舊時旱年，海州大規模求雨活動時，大批民眾頭赤腳披簑衣戴斗笠，到城內上神廟請北極大帝神像出壇，隊前敲著兩鼓一鑼，眾人抬著神像邊走邊唱此詞。到水縣官尾隨請之請龍王，壇邊用一空瓶取水抓一泥鰍謂之一起放回神廟前，讓太陽曝曬，直到下雨為止。
1072	100	32	儀式歌		不當和尚掃院門詞				「人生七十古來稀，脫下僧衣換俗衣。／你不當和尚，你不會將你打／趕出廟門去當秀才地，／趕出廟門去灤要一張柳條籤箕／叫作「掃院門」「掃院門」／即送一頭毛驢作孩子的替身，／送兩袋「高米」給和尚吃，／素兒能娶妻。／生女便是狀元郎。」	舊時，海州一帶病重的男孩請巫婆許願，須到寺裡做和尚才能免災。有些小孩不願當和尚，須通過原巫婆花錢向寺裡作「捨院門」。「捨院門」要備四樣式即送一頭毛驢作孩子的替身，送兩袋「高米」給和尚吃，還拿其他和尚條式是，來到寺院，燒香、還帽，跪在佛殿燒香，大和尚唱加是歌，脫下還

總量編號	地方編號	分類編號	類別	原分類	歌謠名（＊為代表歌謠）	原出處	主旨	形式	備註	異文
										願者的僧衣僧帽，並用掃帚追打還願者，邊追邊打作掃地狀，意為將還願者打出院門。
1073	101	33	儀式歌		請茅姑娘詞		即廁姑，又稱子姑、紫姑。傳說西漢戚夫人被呂后害死於廁，後封為廁神，俗稱七姑子。紫姑神之音訛。又傳說，唐時以姓何名媚，為唐壽王李景侍妾，被大婦妒殺於廁，為廁神，世人謂其能先知，多在糞塘或豬圈邊祀，占卜諸事。			舊時，海州民俗農曆正月初五女童常有請茅姑娘活動。當天五更頭，七女行動時，由一女拖把大掃帚當作姑娘的馬，作奉馬狀。在掃帚上綁上除夕備好的劈成兩瓣的七尺蘆葦當作姑娘的腿，再插上木飯勺。飯勺上包上黑包頭，兩邊各插一朵紙花，包頭後邊放兩條扎腿帶子。邊把邊唱此詞，一直把茅姑娘請到家中安排好的房內。點燭焚香。兩女童各持一只紅筷子，把兩瓣蘆葦架在筷子兩端握穩，各自鬥趣祈求上烤。烤把裡灰預示卜心事。向裡灰預示卜腿」向外鼓預示卜事有成，向外鼓預示卜事無成。完了把掃帚蘆葦並拖到兩瓣糞塘邊燒掉。

總彙編號	地方編號	分類編號	類別	原分類	歌謠名（＊為代表歌謠）	原出處	主旨	形式	備註	異文
1074	102	34	儀式歌		送灶歌		請灶爺上天美言，帶下後生			
1075	103	35	儀式歌		搞窗紙		搞破新人的窗紙，為新人帶來貴子			
1076	104	36	儀式歌		過年謠		從臘月二十三到正月初一的作息重點整理		「二十三，送灶官；二十四，掃房子；二十五，點豆腐；二十六，割塊肉；二十七，殺公雞；二十八，宰隻鴨；二十九，打壺酒；三十晚，打燈盞；初一早上撅屁股」	
1077	105	37	儀式歌		開門謠		初一一早開門的喜歌		「大年初一把門開，金銀財寶奔家來；驢馱寶，馬馱銀，牛犢子馱個聚寶盆」	
1078	106	38	儀式歌		財神謠		唱請財神進門歌			
1079	107	39	儀式歌		二月二		當天的活動可帶來豐收與好運			
1080	108	40	儀式歌		貼財神		唱頌貼財神的喜歌			
1081	109	41	儀式歌		四只小船	連雲港				新沂〈小小涼船擺四方〉
1082	110	42	生活歌	勞動歌	太陽出西又出西	連雲港	勸世人勿以一時成敗看人高低，人生際遇沒有定數		江山亦有勝與敗，灰堆亦有發熱時。	
1083	111	1	生活歌	勞動歌	老農夫、實在苦	連雲港	老農夫被地主欺壓得不敢安坐，跪在地主面前			
1084	112	2	生活歌	勞動歌	老黃狗、納了饞	連雲港	歌者因為黃狗餓過頭，連饞嘴的老黃狗都沒有力氣修理			

總量編號	地方編號	分類編號	類別	原分類	歌謠名（＊為代表歌謠）	原出處	主旨	形式	備註	異文
1085	113	3	生活歌	勞動歌	千挪萬挪	連雲港	長工苦			銅山縣〈長工苦〉、邳縣〈王五〉、
1086	114	4	生活歌	勞動歌	少吃一頓飯	連雲港	描寫主東刻薄，巴不得苦力少吃一碗飯			
1087	115	5	生活歌		港口歌謠1	連雲港	形容舊時代的連雲港是可怕如虎口的地方			
1088	116	6	生活歌		港口歌謠2	連雲港	原想來討飯吃的人，來到老窯反而求生不得求死不能		1.連雲港舊稱「老窯」；2.「窮災惡神凶又狠，來到老窯很老窯」	
1089	117	7	生活歌		港口歌謠3	連雲港	連雲港附近山窩中土匪出沒頻繁		磨刀塘、紅石嘴	
1090	118	8	生活歌		港口歌謠4	連雲港	形容連雲港附近猴崎家山的地勢崎幅不平			
1091	119	9	生活歌		港口歌謠5	連雲港	連雲港附近表面繁華、實則破敗不堪			
1092	120	10	生活歌		窮人嘆	連雲港	分四季嘆窮人無法翻身的貧苦生活			
1093	121	11	生活歌		四季不開花	連雲港	反諷連雲港地區貧脊困苦的生活	四季		
1094	122	12	生活歌		要吃鹽場飯	連雲港	壯民生涯全靠命才得一日工資		要吃鹽場飯，就拿老命填	
1095	123	13	生活歌		莫嫁鹽灘上	連雲港	嫁給壯民終身受苦			
1096	124	14	生活歌		姑娘不嫁鹽場猴	連雲港	壯民體瘦如猴、生活困苦，女子無人敢嫁			
1097	125	15	生活歌		快活小半月	連雲港	壯民唯一輕鬆快活的，只有過年的小半個月			
1098	126	16	生活歌		四季吃食	連雲港	壯民四季所吃的養酸菜餚	四季		

總量編號	地方編號	分類編號	類別	原分類	歌謠名（＊為代表歌謠）	原出處	主旨	形式	備註	異文
1099	127	17	生活歌		杜民累成駝被腰	連雲港	描述杜民工作辛苦，終日勞苦導致腰彎背駝			
1100	128	18	生活歌		敲骨頭敷油	連雲港	形容垣商與鹽警剝削杜民，吃人不剩骨頭			
1101	129	19	生活歌		杜民賣受罪	連雲港	杜民日間受鹽警管轄、夜裡再被土匪劫掠，無一日安寧			
1102	130	20	生活歌		杜民白骨伴草枯	連雲港	杜民住死在鹽灘的破屋裡也無人聞問			
1103	131	21	生活歌		丁頭屋	連雲港	杜民居住小屋，毫無生活空間可言			
1104	132	22	生活歌		杜民住房沒多大	連雲港	不但屋小頂破，還兼無法擋風遮雨			
1105	133	23	生活歌		海嘯	連雲港	一三九年時，因有颶風侵襲出現海嘯，導致多數杜民積死的慘痛歷史。			上海潮
1106	134	24	生活歌		不信蒼天不睜眼	連雲港	杜民生活連垣商的狗都不如，期待老天開眼，等待時年		「垣商狗吃肉，杜民菜飯糧」「全是世上人，為何分兩閒」	
1107	135	25	生活歌		一年四季犯焦愁	連雲港	杜民生活終日勞苦，沒有翻身的可能	四季		
1108	136	26	生活歌		仰天長嘆息	連雲港	杜民工作所得無以養家糊口		「仰天長嘆息，根地不容人」	
1109	137	27	生活歌		四季愁	連雲港	窮人一年四季都要忍受捐項之苦，衣食無著還要忍受坐年威脅。討立刻有錢得以飽食，就有官員來打秋風	四季		

總量編號	地方編號	分類編號	類別	原分類	歌謠名（＊為代表歌謠）	原出處	主旨	形式	備註	異文
1110	138	28	生活歌		破房無人住	連雲港	無人住的破房是因爲灶民港荒		「高子長得像大樹，兔子成群過大路」	
1111	139	29	生活歌		鹽民歌	連雲港	唱出灶民的悲苦生活		「交冬數九受凍餓，鍋裡沒有雞彝糧」;「春夏秋冬一身衣，寒九凍得直篩糠」	
1112	140	30	生活歌		灶民歌	連雲港	唱出灶民的悲苦生活			
1113	141	31	生活歌		灶民十嘆	連雲港	灶民從生到死；從吃到穿；從住到行，樣樣備苦，樣樣被剝削，毫無人格可言	十杯酒	「人死了一張蘆席，添孩子大大涼流」;「蘆花被難擋寒冷，到半夜渾身發抖」;「吃不飽肚餓難受，煮野菜難下咽喉」	
1114	142	32	生活歌		漁民沒得活路走	連雲港	漁民被漁霸壓榨		「魚把頭、坐地狗，一響率虎叫」	
1115	143	33	生活歌		西墅庄	連雲港	漁家生活困苦			
1116	144	34	生活歌		莫要嫁南城	連雲港	南城指的是漁民居住地。漁民生活困苦，於是有人勸告有女勿嫁南城			
1117	145	35	生活歌		不嫁上船郎	連雲港	形容漁夫生活困苦			
1118	146	36	生活歌		船民謠	連雲港	指拉縴運鹽的縴夫生涯；觀苦不堪		「水冷寒枯河封凍，船艙成烏光棍堂」;「家中三天未見糧，鹽篙菜充飢餓」	
1119	147	37	生活歌		月月日日沒吃燒	連雲港	痛恨政府收稅剝削			
1120	148	38	生活歌		十里和	連雲港	十種和樂的方向：爹娘、兒女、兄弟、妯娌、姑嫂、鄰居、長輩、晚輩、天、地	十杯酒		

總彙編號	地方編號	分類編號	類　別	原分類	歌　謠　名（＊為代表歌謠）	原出處	主　旨	形　式	備　註	異　文
1121	149	39	生活歌		養兒歌	連雲港	描述養兒過程的艱苦，末了感嘆養兒防老，實則未必如此		「沒有兒時常想兒，得兒如同得金寶」「三天圓過墳，再也無人到。冬年寒節墳不上，清明佳節紙不燒。這就叫有後人如同魚下梢」	
1122	150	40	生活歌		老來難	連雲港	列舉出老人種種生活不便，勸年輕人勿嫌棄老人		「對老人，莫要嫌，人生哪能盡少年？」	睢寧縣〈老年歌〉
1123	151	41	生活歌		瞧娘	連雲港	女子瞞著婆家回娘家探望生病的母親，母親感嘆生女不勝過男	姐兒調	「人人都說養兒好，俺的閨女倒比兒還強，月來瞧娘」	
1124	152	42	生活歌		無爹無娘不踏來	連雲港	女子出嫁後再回娘家，受嫂嫂排擠之歌，與部份兒歌有異曲同工之處		銅山：「有個娘，來兩趟；無個娘，來不來」唯拿：「有俺多娘來一趟，無俺多娘不占來」	
1125	153	43	生活歌		童養媳	連雲港	唱出童養媳的悲苦生活，直到共黨解放才能重新婚配	十二月歌		
1126	154	44	生活歌		童養媳婦	連雲港	唱出童養媳因父母逃荒孌女，童養媳受虐待的痛苦，最後索性自殺求解脫	五更調	邵縣歌謠每段末皆哭求：「誰給俺娘家捎個信」。	邵縣生活歌〈哭五更〉
1127	155	45	生活歌		扛起小耙鋤	連雲港	女子受夫家凌辱，無人可救，幸而來到新時代，自己訴請離婚			
1128	156	46	生活歌		楊大嫂	連雲港	女子為童養媳多受夫家虐待，幸而改朝換代得以翻身	五更調		邵縣〈梁大嫂翻身〉
1129	157	47	生活歌		小寡婦上墳	連雲港	對寡居之苦著墨極深	小寡婦上墳調		睢寧〈小寡婦上墳〉

總量編號	地方編號	分類編號	類別	原分類	歌謠名（＊為代表歌謠）	原出處	主　旨	形　式	備　註	異　文
1130	158	48	生活歌		小寡婦上墳 2	連雲港	寡婦上墳向夫哭訴寡居難活，告訴婆母決意他嫁	小寡婦上墳調	分十二月唱之	銅山〈寡婦上墳〉
1131	159	49	生活歌		小寡婦上墳 3	連雲港	寡婦從思夫打扮、出門上墳、獻祭、哭到孤哭回家、思春、再到婆婆再上門，最後有媒婆，卻被寡婦嫌於情面而拒絕	戲曲		
1132	160	50	生活歌		寡婦上墳	連雲港	寡婦從思夫打扮、出門上墳、獻祭、哭到孤哭回家、思春、再到婆婆再上門，最後有媒婆，卻被寡婦嫌於情面而拒絕	戲曲		
1133	161	51	生活歌		繡紋肩	連雲港	女子繡肩展現手藝、等人家探聽提親			
1134	162	52	生活歌		五更段	連雲港	唱出歷史故事	五更調		
1135	163	53	生活歌		十二月花風	連雲港	唱出歷史故事	十二月歌		
1136	164	54	生活歌		十二月花	連雲港	唱出每個月花的特色及相關的歷史故事，兼具教育意義。	十二月歌；問答歌		
1137	165	55	生活歌		十二月採茶	連雲港	探茶時所唱的十二月歌	十二月		
1138	166	56	生活歌		繡花燈	連雲港	分十二個月繡花燈、燈上繡出歷史人物	十二月令		邳縣〈繡花燈〉
1139	167	57	生活歌		放風箏	連雲港	兩兩成對的風箏、同時帶出歷史故事			
1140	168	58	生活歌		搖櫓球歌	連雲港	前半為搖櫓球歌、後半為十二月花風	十二月令		連雲港〈十二月花風〉

總重編號	地方編號	分類編號	類別	原分類	歌謠名（＊為代表歌謠）	原出處	主旨	形式	備註	異文
1141	169	59	生活歌		古人傳說歌	連雲港	一到 24 數歌	1~19、24		銅山縣〈頌賢良〉、睢寧〈數英雄〉
1142	170	60	生活歌		花經	連雲港	以花為題材，講男女私會風情	故事長歌	處處皆以花為主	
1143	171	61	生活歌		牡丹獻大仙	連雲港	以十味藥形容各種家庭狀況	故事長歌，但方言為蘇州府	具有家和萬事興的社教功能，譬喻精彩，有歌後語的特色	
1144	172	62	生活歌		大花鞋	連雲港	趣味的誇張歌，嘲寫大腳大鞋嚇媛人			
1145	173	63	生活歌		倒倒語	連雲港	反常理與邏輯的趣味歌			
1146	174	64	生活歌		顛倒歌	連雲港	反常理與邏輯的趣味歌			
1147	175	65	生活歌		砍空	連雲港	吹牛鬼扯的誇張趣味歌			
1148	176	66	生活歌		謅空	連雲港	吹牛鬼扯的誇張趣味歌			
1149	177	67	生活歌		妊娠歌	連雲港	十月懷胎歌	十二月歌		
1150	178	68	生活歌		賣水餃	連雲港	女子賣水餃維持家計，路上與客人對唱唱答		1.描述戰爭時兵器，具有傳播軍事概念功能；2.歌末怒罵男子調戲，較為合邏輯	
1151	179	69	生活歌		妓女悲秋	連雲港	妓女自嘆命苦之歌			
1152	180	70	生活歌		二流子	連雲港	描寫輕浮下流少年不務正業受群眾糾舉		為時政歌之另一類別	
1153	181	71	生活歌		喝酒人	連雲港	描寫飲酒者的醜態			
1154	182	72	生活歌		勸郎戒煙	連雲港	女子勸丈夫戒大煙的歌，最後以死相脅使丈夫戒煙	連花落	1.細述吃大煙的過程與手法；2.對吃大煙的害處也有清楚說明；3.	
1155	183	73	生活歌		戒煙歌	連雲港	細述鴉片進入中國的原由及害人之處		特別說明當初西方商人如何誘騙中國人開始吃煙以致上癮	

總量編號	地方編號	分類編號	類別	原分類	歌謠名（＊為代表歌歌謠）	原出處	主旨	形式	備註	異文
1156	184	74	生活歌		賭錢鬼	連雲港	賭徒因輸贏而喜怒不定的醜態			新沂〈賭錢鬼〉
1157	185	75	生活歌		勸郎莫賭錢	連雲港				
1158	186	76	生活歌	兒歌	十怕	連雲港	利用諧音說一到十各種情況最怕的東西		「子怕一、妻怕二、老牛怕三、肉頭怕事、吊死鬼怕梧、當龜怕嫁、小賊怕拜、破羊怕拔、筋骨痛怕灸、瘟疫怕淫」	
1159	187	77	雜歌		小黑驢	連雲港	小書生遊街迷戀由丈夫相伴的歸寧少婦	故事長歌	對小公子的打扮及回娘家的禮盒有詳細描述，極盡細緻之能事	歌謠內容脫漏
1160	188	1	雜歌		扣子	連雲港	女子從因不育被公婆嫌厭到求子、得子、慶滿月的長歌	故事長歌	1.〈小佳人開話〉與〈王剛畫〉之結合：2.求子的儀式與過程；3.細細描述家宅豪奢、家產豐厚	邵縣〈小佳人開話〉、銅山〈王鋼畫〉
1161	189	2	雜歌		百蟲吊孝	連雲港	以小螞蚱的生老病死到百草蟲吊孝	故事長歌；裏婦上墳調	教育用，介紹喪俗	邵縣〈吊孝歌〉、銅山縣〈小螞蚱歌〉、邵縣〈百草蟲吊孝〉
1162	190	3	雜歌		蜻蜓搶親	連雲港	以昆蟲為主題，唱出蜻蜓搶親故事	故事長歌	兼具教育功能，介紹婚俗。	
1163	191	4	雜歌		說海州	連雲港	描述海州各個風景名勝及其由來			
1164	192	5	雜歌		搖會龍	連雲港	類似胡打算，從養豬開始富家立業			
1165	193	6	雜歌		房四姐	連雲港	房四娘從出嫁、受孕、上亭、還陽以至於最後的功成名就，共十二段	故事長歌		

總量編號	地方編號	分類編號	類別	原分類	歌謠名（＊為代表歌謠）	原出處	主旨	形式	備註	異文
1166	194	7	雜歌		哀小拖爸	連雲港	小孫子用計勸父母盡孝的故事	故事長歌		〈破碗故事〉
1167	195	8	雜歌		朱溫訴親	連雲港	朱溫聽妻言要殺母，後來又誣告柴英的故事	故事長歌		〈破碗故事〉
1168	196	9	雜歌		楊小姐出嫁	連雲港	女子出嫁前母親一一叮囑之語		穿插入十二月生活節慶與風俗	銅山縣〈嬤嬤教女〉、〈勸紅妝〉
1169	197	10	雜歌	兒歌	欿空	連雲港	不合邏輯的誇張笑話		「馬頭朝南往北衝，騎著大刀扛著馬」	
1170	198	11	雜歌	兒歌	我不氣	連雲港	自開自懷不隨便生氣			
1171	199	12	雜歌	兒歌	數九歌		寒冬數九歌		「一九二九不出手，三九四九冰上走。五九六九，河邊插柳；七九凍河開，八九燕子來。九九加一九，耕牛滿地夫。」	
1172	200	13	雜歌	兒歌	三星歌		三星即參星，描述參星所在位置對應的氣候變化		「三星夜晚出，凍得小孩哭，三星夜晚響，小多勝暘長；三星夜晚遲，睡覺不蓋腳」	此民謠流傳於沐陽湖東到海州、贛榆等地。五言二句為一段。格式：第一段第二句：「凍得小孩哭」中之「得」字，多半是只有音位口形；實讀「凍ㄨ小孩哭」。「虛位音節」，這一帶入口語常有此現象。
1173	201	14	兒歌		要小巴狗	連雲港	兒童點人遊戲歌，點選小狗。類似數支歌			

總量編號	地方編號	分類編號	類別	原分類	歌謠名（＊為代表歌謠）	原出處	主旨	形式	備註	異文
1174	202	1	兒歌		就要兩只大元寶	連雲港	窮困兒童祈願月亮賞錢洗澡歌			
1175	203	2	兒歌		小老兒	連雲港	趣味兒歌，層層買賣，類似胡打算			
1176	204	3	兒歌		小火筒	連雲港	描述精妙的剪紙工藝，把所剪之物活靈活現表現出來			
1177	205	4	兒歌		小板凳	連雲港	頂真兒歌，相承間家庭生活的兒歌			
1178	206	5	兒歌		月亮一出亮沙沙	連雲港	嘲笑所謂河南第一家，也不過是貧困交集			
1179	207	6	兒歌		太陽一出亮沙沙	連雲港	以花為主題，形容新嫁娘一身花的美麗模樣，最後祝願新娘生貴子			
1180	208	7	兒歌		小月亮眼找走	連雲港	與月亮的情誼與戀愛兒歌			
1181	209	8	兒歌		天上小雨嘩嘩嘩	連雲港	描述炒芝麻時熱鬧聲的兒歌			
1182	210	9	兒歌		月亮月亮跟我走	連雲港	兒童與天體間為友的兒歌			
1183	211	10	兒歌		南溝埃	連雲港	市場兒歌，討論人我之間互動關係		「你賺錢，給我花，豬朵計命那個檔」	
1184	212	11	兒歌		看你能住哪裡藏	連雲港	分解成語兒歌		前有狼後有虎，看你能往哪裡藏	
1185	213	12	兒歌		分餅	連雲港	兒童共享大餅的友愛兒歌			
1186	214	13	兒歌		你唱歌我插秧	連雲港	估小便宜欺負同伴的兒歌			

總量編號	地方編號	分類編號	類別	原分類	歌謠名（*為代表歌謠）	原出處	主旨	形式	備註	異文
1187	215	14	兒歌		東鄉西鄉變一鄉	連雲港	日久滄海桑田，人事變化			
1188	216	15	兒歌		天皇皇地皇皇	連雲港	小兒夜哭對治歌			
1189	217	16	兒歌		偷人家的針	連雲港	詛兒偷針線人會得報應			
1190	218	17	兒歌		大懶使小懶	連雲港	歇後語式的口令。			
1191	219	18	兒歌		小掃帚	連雲港	年三十使用掃帚的祈願彩話			
1192	220	19	兒歌		求風歌	連雲港	希望得風吹好涼快的歌			
1193	221	20	兒歌		臘八粥兒	連雲港	形容小女孩穿耳洞的裝扮討喜有趣			
1194	222	21	兒歌		小綠砣	連雲港	用小綠砣的尖與圓打趣小夫妻歡喜冤家的喜怒			
1195	223	22	兒歌		小月亮	連雲港	輕鬆描述難家庭饑寒交迫的慘狀			
1196	224	23	兒歌		要飯謠	連雲港	描寫乞丐的生活			
1197	225	24	兒歌		小板凳	連雲港	描寫苛毒商的惡形惡狀			
1198	226	25	兒歌		四大鮮	連雲港		歇後語		
1199	227	26	兒歌		心連心	連雲港	兒童間彼此盟誓永結友誼的兒歌		「哪個九十八歲死，奈河橋上等兩年」	
1200	228	27	兒歌		捉小蟲	連雲港	吃春蟲			
1201	229	28	兒歌		賣豆芽	連雲港	作生意偷斤減兩被抓到後，還人足秤			
1202	230	29	兒歌		七七芽	連雲港	描述女子陪嫁內容		「陪你箱，陪你櫃，陪你花枝十二對」	
1203	231	30	兒歌		想起囝養女莫養她	連雲港	諷刺養女兒出嫁當女兒賤的不滿			

總量編號	地方編號	分類編號	類別	原分類	歌謠名（＊為代表歌謠）	原出處	主旨	形式	備註	異文
1204	232	31	兒歌		隔壁大姐想婆家	連雲港	女子思嫁而後成婚的樂趣			
1205	233	32	兒歌		我望槐花幾時開	連雲港	同名歌謠前段			
1206	234	33	兒歌		小兔乖乖	連雲港	小朋友獨自在家不能開門		「小兔乖乖，把門開開。不開不開不能開，媽媽沒回來。」	
1207	235	34	兒歌		小白兔	連雲港	小白兔與兒童遊戲兒歌			
1208	236	35	兒歌		小老鼠	連雲港	抱怨物資到丈人家因天雨路滑摔倒			
1209	237	36	兒歌		小蝸牛	連雲港	請小蝸牛打酒被延滯的趣味兒歌		打趣兒童動作太慢	邳縣〈绣紋花〉〈月亮出來了〉異文
1210	238	37	兒歌		小喜鵲	連雲港	兒童到外婆家被舅媽嫌棄的對唱（吟唱情歌）		「鐵樹開花我就夫。哪條河溝沒石頭，哪家小孩沒生娘舅。」	新沂〈小螞蝦〉（買煙）
1211	239	38	兒歌		小喜鵲	連雲港	請喜鵲幫嬌妻來的歌		「跟我一起摘棉花，跟我一起過日月，跟我一起生娃娃」	新沂〈小火叉〉
1212	240	39	兒歌		花喜鵲 1	連雲港	娶妻忘母歌，有好東西給妻子吃不給母親知道		「梨皮削在床底下，叫瞎老婆摸過來吃」	
1213	241	40	兒歌		花喜鵲 2	連雲港	娶妻忘母歌，母言如戲；妻言如戲，有好東西給妻子吃不給母親知道		「媳婦說話一台戲，老娘說話狗臭屁；把娘關在炕裡，把媳子抱在炕頭上……喝麵湯」	睢寧、銅山皆有同名歌；另銅山有〈梧桐樹，葉子稀〉較完整
1214	242	41	兒歌		花喜鵲 3	連雲港	吟子嫌娘歌		「小春小春你沒娘，開花我就夫。」	睢寧、銅山皆有同名歌；另銅山有〈梧桐樹〉〈梧桐樹，葉子稀〉較完整

總量編號	地方編號	分類編號	類別	歌謠名（＊為代表歌謠）	原出處	主旨	形式	備註	異文
1215	243	42	兒歌	小白雞	連雲港	兄弟想娶妻的兒歌		「小白雞，蹲草個，沒得媳婦賣非遇，一斗大多換兩個，大哥一個我一個」	連雲港〈小喜鵲〉
1216	244	43	兒歌	小花雞	連雲港	形容女子梳頭手藝讓喜鵲來作媒			
1217	245	44	兒歌	小花雞跳磁台	連雲港	用米引來小花雞吃，分肉不均引來婆婆媳家庭糾紛			
1218	246	45	兒歌	小花雞下花蛋	連雲港	無母兒童與父親奶奶生活歌			
1219	247	46	兒歌	公雞隊蜜蜂	連雲港	頂真兒歌，寫一物剋一物			部份內容同新沂〈小白雞〉
1220	248	47	兒歌	小公雞	連雲港	寫單身男子生活的不便			
1221	249	48	兒歌	小黑驢	連雲港	外婆教養外孫又疼又氣的生活兒歌		「打不狗，疼不狗，外孫是舅舅心頭肉」	邳縣〈小紅孩〉、新沂〈小紅孩兒提紅籃兒〉、雎寧〈小紅孩，拎竹籃〉、銅山〈小紅孩〉
1222	250	49	兒歌	小老嬷	連雲港	小老頭籌錢過年		「豬肉香，豬肉嫩，豬肉不如你家大襪因」	
1223	251	50	兒歌	小老貓	連雲港	描寫懶婦		「不推磨，不拾草，遇到活兒就睡倒；聽到門外賣糖糕，披上衫眼往外跑」	
1224	252	51	兒歌	小六龜	連雲港	唱出小龜生蛋孢子			
1225	253	52	兒歌	貓燒火	連雲港	以動物為主角的廚房兒歌，但修理不勞而獲者		「小鳳來喝水，打你個小歪嘴」	邳縣〈懶大嫂〉
1226	254	53	兒歌	大雁大匯排成行	連雲港	打趣不正常男女關係、口頭上佔人便宜的兒歌		「你媽是我乾姐妹」	

總量編號	地方編號	分類編號	類別	原分類	歌謠名（＊為代表歌謠）	原出處	主旨	形式	備註	異文
1227	255	54	兒歌		小巴狗	連雲港	小巴狗上市集買果的生活兒歌		「買個桃、桃有毛；買個杏、杏太酸；買個粟子面朶朶，買個仙桃吃了好上天」	
1228	256	55	兒歌		小巴狗2	連雲港	小巴狗賣葛葛條養爺奶的生活兒歌			
1229	257	56	兒歌		抱小狗	連雲港	兒童遊戲時點人歌的前段，與連雲港〈要小巴狗〉同，只是前者較全		「不吃王媽飯，不喝王媽酒，單朝王媽要個小巴狗」	銅山縣〈小巴兒狗〉、邵縣〈小紅孩〉、新沂〈小巴狗1〉
1230	258	57	兒歌		母雞黑小雞	連雲港	俗唱兒歌		「我教你喝喝嚘，你儞要嚘嚘嚘」	連雲港〈要小巴狗〉、〈抱小狗〉
1231	259	58	兒歌		磕頭蟲	連雲港	如題			
1232	260	59	兒歌		草驢婆	連雲港	如題			
1233	261	60	兒歌		小老鼠	連雲港	俗唱兒歌		「小老鼠，上燈台，偷油吃，下不來，媽呀媽呀你快來」	
1234	262	61	兒歌		羊	連雲港	小羊孝親，娘不在孝敬爹		「你娘沒在家，那就喂你大」	
1235	263	62	兒歌		小花貓	連雲港	描寫小花貓生活			
1236	264	63	兒歌		黃瓜	連雲港	舅家摘自家黃瓜給外甥引來舅媽不滿		「摘根黃瓜請外甥，舅媽看了氣哼哼」	
1237	265	64	兒歌		小白菜1	連雲港	以小白菜出現黃斑起興，唱出後母待繼子的淒薄			
1238	266	65	兒歌		小白菜2	連雲港	以出嫁女兒與回娘家係爲主題的兒歌		銅山：「有咱娘，來兩趟；無咱娘，來不來」；睡蜜：「有俺多娘來一趟，多娘不占」；連雲港：「有多娘疼，無錢亦疼」	睡蜜〈小白菜〉、銅山〈親娘娘娘不一樣〉、銅山童謠〈娘與晚娘〉新沂〈小白菜〉

總量編號	地方編號	分類編號	類別	原分類	歌謠名（＊為代表歌謠）	原出處	主旨	形式	備註	異文
1239	267	66	兒歌		小白果	連雲港	以小白果為起首的農作兒歌			連雲港〈無多無娘不踏來〉、銅山縣〈小馬机,十二層〉、雕寧〈小瓦屋,十二層〉
1240	268	67	兒歌		小薺菜	連雲港	為新娘準備陪嫁的歌謠		「陪你箱子陪你櫃,陪你花鞋十一對」	
1241	269	68	兒歌		小蠶豆	連雲港	娘家好不容易把女兒拉拔大,忽地就要嫁人的不捨兒歌		「下了花轎進門,這勞沒日子怎麼過得成」	新沂〈十二月姑娘要嫁妝〉
1242	270	69	兒歌		小花生	連雲港	迎娶兒歌,描寫新娘心打扮處處是花			
1243	271	70	兒歌		梔子花	連雲港	描述外出遠行者要回家前打點伴手禮,以報答臨別時依依相送之情		「我送親人千里賽,親人送我十里飛」	
1244	272	71	兒歌		桃花開	連雲港	生活常事及事理的教育兒歌		「餃子下鍋往上翻,乾草著火一出溜,淫革著火會冒煙」	
1245	273	72	兒歌		南園一棵麻	連雲港	知了努力唱歌就怕被人抓			
1246	274	73	兒歌		白白丁	連雲港	期待當家的兒歌			
1247	275	74	兒歌		小酸檐	連雲港	男子路過未婚妻家問候,想見情人一面		「傳絲裙灵小娘子,穿綾的就灵她」	
1248	276	75	兒歌		小槐樹	連雲港	對罵兒歌			邳縣〈找茶喝〉、
1249	277	76	兒歌		小槐樹2	連雲港	期待藉戲台活動見到情人的兒歌			
1250	278	77	兒歌		椿樹王	連雲港	兒童期待椿樹與自己都長大,各有發展的兒歌		「你長高,好打床;我長長,當新郎……你長高,打嫁妝,我長長,做新娘」	

總量編號	地方編號	類別	原分類編號	歌謠名（＊為代表歌謠）	原出處	主旨	形式	備註	異文
1251	279	兒歌		樹葉兒	連雲港	哄孩睡歌			
1252	280	兒歌		花花樹	連雲港	花花樹長成精變人，最後請人砍樹除精			
1253	281	兒歌		小山楂	連雲港	父母疼愛女兒的兒歌			
1254	282	兒歌		小葫蘆	連雲港	歡喜訂親待嫁的心情		「小葫蘆，開黃花，是我娘看中的。今年春天娶來家，明年養個胖娃娃」	河南俗諺：「誰養的孩子誰疼」
1255	283	兒歌		探花歌	連雲港	寫待嫁女兒心情，迫切期待夫家來迎娶		「五姐採花望莊外，望望下禮人來沒來」	
1256	284	兒歌		小丫頭	連雲港	描寫貧窮小孩對食物的珍愛		「乾妹妹，一頭睡、睡到五更頭，養個小毛頭，包包裹裹上高樓」	
1257	285	兒歌		乾妹妹	連雲港	描寫女子偷情後生子的繞口令			
1258	286	兒歌		大姐長高了	連雲港	女子待嫁望家的心情			新沂〈摟豆葉〉
1259	287	兒歌		小大姐	連雲港	時髦女子愁夫不愁人迫			
1260	288	兒歌		小大姐 2	連雲港	鐵匠家的生活兒歌		「小大姐，歌一歌，你拉風箱我打鐵，丁芝麻芝麻你来炸，跟俺延年說個話」	
1261	289	兒歌		刮大風	連雲港	招呼路過遇雨女子			邵縣〈一打鐵、二鍋〉
1262	290	兒歌		風雨歌	連雲港	打趣女子體貼丈夫私自留下好吃食		「風來了，雨來了，老和尚背個鼓來了」	
1263	291	兒歌		隔牆聽話	連雲港	打趣女子體貼丈夫私自留下好吃食		「芝麻芝麻你來炸」	
1264	292	兒歌		歪戴帽	連雲港	打趣女子出嫁時服裝不整遭婆家反感		「歪戴帽，狗抬轎，抬到婆家沒人要」	

總量編號	地方編號	分類編號	類別	原分類	歌謠名（＊為代表歌謠）	原出處	主旨	形式	備註	異文
1265	293	92	兒歌		這山還比那山高	連雲港	男子偷撒尿被女子看見，互動趣味歌			
1266	294	93	兒歌		小大姐靠河邊	連雲港	賣煙酒女子歌			
1267	295	94	兒歌		賣煙酒	連雲港	小大姐賣煙酒澷遇無賴			
1268	296	95	兒歌		女兒出嫁媽媽哭	連雲港	女子出嫁勸慰母親別傷心		「女兒到人家就享福。紅被窩、暖和和、狗燒水、兔子挑水不歇看」雞鴨鴨子把門看」	與前首前半相同，疑是一歌兩拆
1269	297	96	兒歌		大小姐	連雲港	大小姐做鞋引來紛爭的趣味歌			可看出傳統蘇北婦女的家庭責任
1270	298	97	兒歌		小丫頭沒好翹	連雲港	小女生耍賴卻膽小			
1271	299	98	兒歌		媽沒跟我去婆家	連雲港	女子期待待人卻嫁了一個路遠又長嫌棄的船家		「媽沒跟我說婆家，婆家路遠水又深，媽頭叮地腳後跟」	
1272	300	99	兒歌		十姐打燈照	連雲港	以女子為主題，一數到十的數字歌	數字歌		
1273	301	100	兒歌		開門望望	連雲港	女子回娘家探家人，父母已不當家、當家兄長嫌棄、於是承諾來年再回來		「哥哥哥你來眼，騎上騾馬俺流走」	
1274	302	101	兒歌		溺尿郎	連雲港	童養媳嫁給小兒郎，兒郎尿床，作不成夫妻只是玩伴		「一更湮湮紅綾被，二更湮湮新娘裝」先打一下喊大姐，再打一下喊親娘」	
1275	303	102	兒歌		張家娶個小巧人	連雲港	形容女子剪紙手藝靈巧			新沂〈焦大姐〉
1276	304	103	兒歌		槐樹底下搭戲台	連雲港	期待藉戲台活動見到情人的兒歌		「風吹槐花香滿庄，戲臺底下嗆噹」	邳縣同名兒歌〈小火筒〉新沂

總量編號	地方編號	分類編號	類別	原分類	歌謠名（＊為代表歌謠）	原出處	主旨	形式	備註	異文
1277	305	104	兒歌		我到南圩去張張	連雲港	男子去巡田順便探望情人		「紅裙是個大嫂子，綠裙是個小姑子」	連雲港〈小槐樹〉2異文
1278	306	105	兒歌		撒嬌歌	連雲港	女娃娃趁還沒出嫁在家向母親撒嬌歌		「我好比牆頭一棵草，來了花轎就臺跑。再說我也說不到」	連雲港〈小酸棗〉異文
1279	307	106	兒歌		賭錢鬼	連雲港	賭鬼的輸贏醜態		「贏了錢，朝女人要。吃碗紅燒肉，跳上吃飯桌，還想去賭一勺」	
1280	308	107	兒歌		大禾有病二禾慌	連雲港	以禾子兄弟為為主題的數數歌，從一到十			
1281	309	108	兒歌		疤眼青	連雲港	打趣疤眼者生活求事處處受挫	頂真歌	「疤眼急亂跳，亂跳沒人管，疤眼氣得滿身叫」	連雲港〈十姐打燈照〉
1282	310	109	兒歌		好吃鬼	連雲港	打發好吃鬼、威脅沒有用，只能送體			
1283	311	110	兒歌		疤眼子	連雲港	打趣疤眼者的歌			
1284	312	111	兒歌		小要飯	連雲港	小叫花子不吃嗟來食			
1285	313	112	兒歌		大頭大頭	連雲港	大趣大頭者不怕下雨		「大頭大頭，下雨不愁，人家有傘，我有大頭」	倒頭飯：放在亡者邊的供飯
1286	314	113	兒歌		看你那個樣	連雲港	打趣人長得醜、找不到對象		「鼻子像麻將、驢像像人餅。嘴像褲腰」	見於趙掌打油詩
1287	315	114	兒歌		小紅人	連雲港	男子藉放到丈人家探視情人		「穿紅的小妹子、穿樣的就是她」	
1288	316	115	兒歌		一個不浪追貨郎	連雲港	嘲諷未婚女子作風大膽		「十個大閨九個浪，一個不浪追貨郎」	連雲港〈小酸棗〉、〈我去南圩圩去張張〉
1289	317	116	兒歌		兩口子推磨自來快	連雲港	指夫妻合作率加倍			

總彙編號	地方編號	分類編號	類別	原分類	歌謠名（＊為代表歌謠）	原出處	主旨	形式	備註	異文
1290	318	117	兒歌		小丫葫	連雲港	女娃娃捨還沒出嫁在家向母親及兄長討散嬌歌		「嫂子拿俺不值錢，俺在家裡親還能有幾年？紅毡子，綠裙子，打扮小姐出門子。」	
1291	319	118	兒歌		招蜂引蝶想發財	連雲港	嘲諷小攤以美女為號召招徠顧客		「姑娘門前做招牌。招蜂蝶、招蜂引蝶想發財」	
1292	320	119	兒歌		小鐵匠	連雲港	唱流鐵匠的營生			
1293	321	120	兒歌		大腳好	連雲港	歌頌大腳方便，能跑能做農事			
1294	322	121	兒歌		一個營	連雲港	不要仔狗要母狗			
1295	323	122	兒歌		摸個花娃哄孩子	連雲港				
1296	324	123	兒歌		小打鐵	連雲港	鐵匠打鐵製物，從一到十件件有名堂		「一打鐵，二打銅，三打鋌鍊四打槍……」	
1297	325	124	兒歌		說大話	連雲港	嘲諷吹牛者自己落得壞下場		「半斤小麥過一夏，餓你翻白眼」	銅山〈一打鐵，二打鋼〉
1298	326	125	兒歌		頭戴黃軍唱	連雲港	嘲諷解放軍光有派頭說空話			
1299	327	126	兒歌		小要飯	連雲港	給小乞食者食物歌		「不喊大娘不給飯，只要大娘給你吃，下回千萬來站」	
1300	328	127	兒歌		大腳大	連雲港	大腳不怕下雨不怕跌倒			
1301	329	128	兒歌		板門大	連雲港	小孩以板門為標準盼長高		「板門不雨我還長，長大作新郎」	
1302	330	129	兒歌		尿泡尿	連雲港	欠稻者不好給，討稻者不好要			
1303	331	130	兒歌		麻子麻	連雲港	誇述麻子可以出肉、包出許多包子			

總量編號	地方編號	分類編號	類別	原分類	歌謠名（＊為代表歌謠）	原出處	主旨	形式	備註	異文
1304	332	131	兒歌		大街不走走青巷	連雲港	嘲諷有心人故意走到暗巷偷情		「一撞撞個武二鬼，以以以親個嘴」	
1305	333	132	兒歌		娶媳婦	連雲港	打趣男子娶嬌妻		「想個小媳婦地不來……嫁妝陪了一房頭」	
1306	334	133	兒歌		推豆腐	連雲港	嘆唱豆腐工序繁複、難製卻不值錢		「豆腐不值錢，活受罪」	
1307	335	134	兒歌		大肚老爹	連雲港	嘲諷懶人大食量		「上山吃一鍋，下山吃一瓢，出外轉一轉，回來又吃兩煨罐」	
1308	336	135	兒歌		小翻草	連雲港	嘲弄小朋友跑跑跳跳玩鬧		「跑掉蛋，沒落找。跑到黃豆地，打滾放屁，吃豆角，消消氣」	
1309	337	136	兒歌		勸小姑	連雲港	《隔牆嚅話》較完整版，唱唱小姑如何烹煮食待公婆小姑		「芝麻你沒炸，房裡小姑說什麼話」	〈隔牆嚅話〉〈天上小雨唾唾唾〉
1310	338	137	兒歌		小針扎	連雲港	小農家來客要殺牲畜待客，一一同去認命後殺豬，提及雞、羊、狗、貓、牛、鱉、鴨、豬	有頁有趣味		
1311	339	138	兒歌							邵縣、新沂縣〈小火叉又〉
1312	340	139		指紋歌	連雲港	看指紋斗或簸箕所唱念的歌謠			銅山縣〈指紋雞〉
1313	341	140	兒歌		別拃歌	連雲港	形容人發勁胖氣		「叫往東，偏往西，叫打狗，偏捍雞」	
1314	342	141	兒歌		飾羅羅	連雲港	孩童遊戲欺負人歌		「咱倆合買頭豬嗒，你嗒尾股我嗒頭，你嗒一嗒屎，我嗒一嗒油」	

總量編號	地方編號	分類編號	類別	原分類	歌謠名（＊為代表歌謠）	原出處	主旨	形式	備註	異文
1315	343	142	兒歌		大雨嘩嘩下	連雲港	煮豆燃萁的兒歌		「大雨嘩嘩下，燒了板凳腿，價、徐存鹽等吝怕也」	
1316	344	143	兒歌		東西大街南北走	連雲港	顛倒事理邏輯歌	頂真歌		
1317	345	144	兒歌		踢腳班	連雲港	兒童踢腳板遊戲歌			邵縣〈踢腳板〉、睡軍〈踢腳板、絆板腳〉；這首兒童遊戲歌，流傳於灌南、徐圩鹽場等地，是女孩子遊戲時唱的。大家圍成一圈，由出來兩個女孩子邊唱邊伸出雙腳、先由一個女孩子按順序數點其他人的腳，數點到的就縮起一只腳，接著由邊腳的孩子重覆邊腳的做法。
1318	346	145	兒歌		床裡有只缸	連雲港	養嬰兒的趣味兒歌	頂真歌	「床裡有只缸，缸裡有個蛋、蛋裡有個黃、黃裡有個小和尚、娃哩娃哩要喝湯」	
1319	347	146	兒歌		哭哭笑笑	連雲港	過南辦年貨的趣味兒歌	頂真歌	「牟糕田，買包鹽，鹹，買只藍……」	
1320	348	147	兒歌		天亮了	連雲港	嘲諷懶家起床做營生，只有懶人還在睡			
1321	349	148	兒歌		急急翎	連雲港	兒童模擬軍隊遊戲點人歌		「急急翎、跑馬城、馬城開、請你大哥帶兵來」	
1322	350	149	兒歌		拉拉瞧歌	連雲港	打油事不如意			
1323	351	150	兒歌		還是舅奶小外孫	連雲港	外婆教養外孫又疼又氣的生活兒歌		「我給舅奶打一頓、還是舅奶小外孫」	

總畫編號	地方編號	分類編號	類別	原分類	歌謠名（＊為代表歌謠）	原出處	主旨	形式	備註	異文
1324	352	151	兒歌		拐磨	連雲港	拉磨的趣味兒歌，可重覆再覆		「拐磨拐，拉豆來，拉下糊子來，狗偷吃掉再來。拐。拐磨磨招招，拉豆來……」	
1325	353	152	兒歌		小狗吃胖胖	連雲港	哄嬰孩歌			
1326	354	153	兒歌		抱小狗	連雲港	兒童遊戲時點人歌的前段，與〈要小巴狗〉〈抱小狗〉類似			
1327	355	154	兒歌		小鬼小鬼別淘氣	連雲港	兒童玩唱頂貝兒歌		「小鬼小鬼別生氣，媽媽帶我去看戲，什麼戲？游戲；什麼游？豆油；什麼豆？豌豆……」	連雲港〈報小狗 1〉、〈要小巴狗〉
1328	356	155	兒歌		一條河上九個彎	連雲港	以九為主題的繞口令			
1329	357	156	兒歌		一盆玫瑰兩朵花	連雲港	從一到十的敘事歌	十杯酒	「一盆玫瑰花，三個小孩都要他，四丫家有五個娃，拿了六塊七稜糕，跑到入仙廟，驚動廟裡九隻大老鴰，採樹上十隻大老鴰」	
1330	358	157	兒歌		一字不在家	連雲港	一到四字形趣味歌		「一字不在家，二字去找他，三字找到老王家……他（里）還有四個光蛋不開花」	
1331	359	158	兒歌		挨花椒	連雲港	買花椒的兒歌			
1332	360	159	兒歌		一謠二罷	連雲港	下海補魚的趣味哄孩兒歌		「摸個蝦，帶給媽；摸個魚，帶給姨；摸個蟹，帶給妳……」	
1333	361	160	兒歌		逗逗飛	連雲港	昆蟲兒歌			
1334	362	161	兒歌		小汽車	連雲港	迎娶兒歌，最後勸娘家父母不要傷心			〈小花生〉
1335	363	162	兒歌		黃三	連雲港	數字趣味兒歌			

總量編號	地方編號	分類編號	類別	原分類	歌謠名（＊為代表歌謠）	原出處	主旨	形式	備註	異文
1336	364	163	兒歌		禿子禿	連雲港	頂真趣味兒歌打趣禿子			
1337	365	164	兒歌		金孩子	連雲港	以金為主題的繞口令歌			
1338	366	165	兒歌		槐樹槐	連雲港	藉戲台活動期見情人歌			〈小槐樹2〉、〈槐樹底下搭戲台〉
1339	367	166	兒歌		城門城幾丈高	連雲港	兒童遊戲時唱念兒歌			
1340	368	167	兒歌		龍門龍門幾丈高	連雲港	兒童遊戲時的問答唱念歌	頂真歌		
1341	369	168	兒歌		點點兵	連雲港	兒童遊戲時點兵歌			
1342	370	169	兒歌		舅奶小外孫	連雲港	外孫與外婆的兒歌		「小寶成，賣花生，一賣賣到舅奶家辛辛根」	
1343	371	170	兒歌		烙粑粑	連雲港	磨粉條糊烙粑粑使全家吃了都開心			
1344	372	171	兒歌		拐磨拐磨	連雲港	烙燒餅哄小孩吃		「吃一個，剩一個，留給小孩壓壓餓」	
1345	373	172	兒歌		拐磨拐	連雲港	大人逃荒～小孩跟著受罪		「捲起鋪蓋去逃荒，前頭擔的破棉套，後頭挑的小孩秧」	
1346	374	173	兒歌		拐磨拐2	連雲港	打趣兒童歌謠	頂真歌		銅山〈拉大塊，鋸大槐〉(?)
1347	375	174	兒歌		講古講古	連雲港	趣味兒歌			
1348	376	175	兒歌		攻城歌	連雲港	模擬帶兵作戰的圍圈圈遊戲歌	頂真歌		
1349	377	176	兒歌		抓廉和	連雲港	對花街遊戲歌			參加遊戲的兒童分甲乙兩隊相對拉，乙隊攻城，甲隊拉手圍城守衛。開始，頭領對號子，唱到最後一句時，乙隊開始撞擊甲隊的城牆，直到撞破為止。

總量編號	地方編號	分類編號	類別	原分類	歌謠名（*為代表歌謠）	原出處	主旨	形式	備註	異文
1350	378	177	兒歌		我唱一個一	連雲港	從一到十的問答歌	押韻問答歌		銅山、新沂、皆有同名歌
1351	379	178	兒歌		瓦蛋歌	連雲港	對花瓣遊戲歌			
1352	380	179	兒歌		拾麻和	連雲港	對花瓣遊戲歌			
1353	381	180	兒歌		小三小三	連雲港	點人遊戲歌			
1354	382	181	兒歌		小板凳 2	連雲港	生活荒唐兒歌		「什麼車？金板銀板車；什麼牛？禿尾巴老水牛。什麼轎？一打一路冒青煙」	
1355	383	182	兒歌		小板凳 3	連雲港	打牌贏錢作衣裳	押韻		睢寧〈小板凳、駄白布〉、新沂〈小板凳〉
1356	384	183	兒歌		請姑娘	連雲港	一頌眾和的遊戲兒歌	押韻	「領：一棵蔥、兩棵蔥；合：請站娘來家過大冬」	
1357	385	184	兒歌		賣鑽	連雲港	生活與鑽歌			
1358	386	185	兒歌		小妹歪歪	連雲港	哄小孩的頂真廚房兒歌	頂真歌		
1359	387	186	兒歌		小大蛋	連雲港	外孫在外婆家吃飯的兒歌	頂真歌		
1360	388	187	兒歌		山上有老虎	連雲港	獵戶兒歌	頂真歌		
1361	389	188	兒歌		什麼做窩做得高	連雲港	以動物築巢為主題的問答兒歌，具教育意義	問答歌	「什麼依高做得高？……喜鵲依高做得高」	
1362	390	189	兒歌		反唱歌	連雲港	顛倒事理邏輯歌		「爺七十、娘十六，哥哥十八我十九……」	
1363	391	190	兒歌		數數歌	連雲港	一到十的數字五言歌		「一去二三里，村頭四五家；茅屋六七間，八九十個娃」	
1364	392	191	兒歌		數字歌 2	連雲港	數字歌			

總量編號	地方編號	分類編號	類別	原分類	歌謠名（＊為代表歌謠）	原出處	主旨	形式	備註	異文
1365	393	192	兒歌		搖籃歌	連雲港	搖到外婆橋		「外婆親，外婆好，乖乖是外婆的小棉襖」	
1366	394	193	兒歌		哄孩歌	連雲港	哄孩子肚未疼歌			
1367	395	194	兒歌		哄寶寶	連雲港	外婆要殺畜家禽歌，提及雞、牛、馬、狗、貓、驢、豬			
1368	396	195	兒歌		哄小乖	連雲港	哄孩子睡歌		「小乖睡了，媽春碓了。小乖醒了，媽烙餅了」	邳縣、新沂縣〈小火叉〉、連雲港〈小針扎〉
1369	397	196	兒歌		小狗攆了	連雲港	哄小孩睡歌		「狗叼天上三星星，三星圓叫啦，湯圓吃完啦：……」	
1370	398	197	兒歌		小巴狗推南瓜	連雲港	小孩被狗咬睡歌		「南邊來隻大黃狗，照著胖腿咬一口。」	睡寧、新沂縣〈小紅孩，推紅車〉
1371	399	198	兒歌		乖乖莫要哭	連雲港	哄孩不哭、以吃、熱鬧、新衣哄		「……媽媽去做紅豆粥：……睡醒你看花轎；……明天給你做小花帽」	
1372	400	199	兒歌		小溪流	連雲港	描寫小溪自流自瞅		「沒有愛、沒有愁，的影子自己瞅。」	
1373	401	200	兒歌		小扁擔	連雲港	上揚州賣米娶回好丫頭		「揚州誇我好白米，我誇揚州好丫頭。」	
1374	402	201	兒歌		瓦罐歌	連雲港	小瓦罐靜靜煮出好吃的白米		「小瓦罐，矮墩墩，火燒屁股，不支聲。煨出米飯白又白，吃到嘴裡香噴噴。」	
1375	403	202	兒歌		大紅鞋子十八對	連雲港	新嫁娘為婆家眾人準備紅鞋為見面禮			
1376	404	203	兒歌		小拐棍	連雲港	小拐棍有神奇魔力，可以變出千萬的好果子供窮人享用		「小拐棍，喇叭又，……方便窮人千萬家」	

總量編號	地方編號	分類編號	類別	原分類	歌謠名（＊為代表歌謠）	原出處	主旨	形式	備註	異文
1377	405	204	兒歌		小小谷把短短租	連雲港	姑嫂不合，嫂打小姑，小姑氣得離家創找丈夫不到好女婿		「哪有嫂嫂打小姑？小姑生了氣，背包起去找丈夫。」	
1378	406	205	兒歌		黑漆箱	連雲港	以黑為題的趣味短歌		四句	邳縣〈一窩黑〉
1379	407	206	兒歌		小小船	連雲港	師徒相承歌，學生敬師，要洗師父上西天成仙			
1380	408	207	兒歌		小吳場	連雲港	描述主角忙到顚三倒四亂成一團		「火燒梃，當銅槌；胸指蓋，當生薑；洗腳水，當麵湯；馬桶蓋，蓋水缸。」	
1381	409	208	兒歌		小皮鞋	連雲港	嘲諷穿鞋的中高階層者反而利用特權		「小皮鞋，呱呱叫，坐火車，不打票。」	
1382	410	209	兒歌		小辮扣銅錢	連雲港	描述主角吝嗇，不但不捨得小錢，連頭都不捨得洗，要等過年		「小辮扣銅錢，要吃乾飯，等過年。」	
1383	411	210	兒歌		丁頭屋	連雲港	描述社民生活的丁頭屋小不堪住		「丁頭屋，沒多大，一家幾代擠不下，地舖連鍋灶，抬胸頭上又。」	
1384	412	211	兒歌		破房無人住	連雲港	荒廢的丁頭屋沒人住任由動物雜草佔據住		「高子長得像小樹，黃鼠狼成群過馬路。煙囪頂上崔做做高，茅草破屋無人住。」	連雲港同名生活歌
1385	413	212	兒歌		貨郎鼓	連雲港	鼓貨郎賣針線讓單個大姐縫衣後進廟上香的趣味兒歌		「三姐不會綉，綉個歌子倒著爬。」	連雲港同名生活歌，改黃鼠狼為兔子
1386	414	213	情歌		相思歌	連雲港	女子思念情人，過著丟三忘四的生活			
1387	415	1	情歌		哥妹約會楊柳溪	連雲港	男女私會，又恐外人知曉的心情。男子再三保證會保密。			

總量編號	地方編號	分類編號	類別	原分類	歌謠名（＊為代表歌謠）	原出處	主旨	形式	備註	異文
1388	416	2	情歌		彩禮千元我不要	連雲港	女子不在乎彩禮，只要未婚夫能有心努力、正直為人			
1389	417	3	情歌		流水歡歌一句定	連雲港	女子要求男子金榜題名就成婚			
1390	418	4	情歌	贊慕歌	情歌越唱越愛聽	連雲區	以山、海、雲為喻，唱出趕潮兒情愛令人愛	銀鈕絲		
1391	419	5	情歌	贊慕歌	天上一對燕子飛	新浦區	以燕子自由飛翔唱出姐妹情感	下河調		
1392	420	6	情歌	贊慕歌	即是喜鵲妹是梅	連雲區	以喜鵲與梅譬喻男女雙方，一旦相依就不分開	關東調	「喜鵲登梅麼名也不飛」	
1393	421	7	情歌	贊慕歌	乾妹子下河來採蓮	海州區	以女子採菱角起興，唱男女間的愛慕之情	粉紅蓮	「乾妹子下河採蓮藕了手……現尖菱角剌破了手，的的乾妹子，剌破你手疼在我呀心頭」	
1394	422	8	情歌	贊慕歌	我愛揚州好丫頭	東海縣	挑米到揚州賣，順便娶揚州女子回來	下河調	「揚州看看好丫頭，我看子青銅鈕扣、紅頭繩上載，一朵紅花戴，愛得我心裡悠悠。」	連雲港兒歌〈小扁擔〉
1395	423	9	情歌	贊慕歌	從那留下情	贛榆縣	男女於春天走春時一見鐘情	粉紅蓮	「疼春光去踏青，遇上那個小呀情公……秋波傳春心呀動，從此那個留下了情。」	
1396	424	10	情歌	贊慕歌	野菜苦苦家菜甜	新浦區	男子情願戀慕情人，不顧辛苦	嗨嗨調	「我愛乾妹如野菜呀，人家嫌苦我說咱甜啦。」	

總量編號	地方編號	分類編號	類別	原分類	歌謠名 （＊為代表歌謠）	原出處	主　旨	形　式	備　註	異　文
1397	425	11	情歌	贊慕歌	我想帶二妹去踏青	新浦區	男子邀日女子出外踏青歌	小踏青	「我想帶二妹去踏兒青喲，⋯⋯不知二妹你可領情？」	
1398	426	12	情歌	贊慕歌	四只小船漂四方	東海縣	以東西南北各取一物喻唱唱情人	打牙牌（對唱）	「⋯⋯什麼是銀子什麼是錢？⋯⋯白邊銀子黃邊錢，乾妹就是文章是詩⋯⋯什麼是文章長相思⋯⋯什麼是葫蘆什麼是瓢⋯⋯什麼是小櫻桃？⋯⋯韭菜什麼是蔥？⋯⋯那老公公笑？」	銅山縣〈一只花船〉、邳縣〈花船調〉
1399	427	13	情歌	贊慕歌	八幫舟船	東海縣	船行煙台、江西、南京、秦皇島、北京、青島、連運蘇州、揚州行商經商，取物喻情人	打牙牌（對唱）	「七節是竹子八節是柴，九節是呼花秫稭⋯⋯喝嘴是鴨子尖嘴是雞，心上人是女花枝⋯⋯禿頭是和尚連毛是僧，我愛你個琉璃燈⋯⋯圓的是葫蘆絽開是蔥⋯⋯乾妹是蓓小櫻桃，乾的是修子短疼，紅的是拓子紅⋯⋯乾椒是拓子有角⋯⋯乾牛沒角是呼子有角⋯⋯乾妹是驢子不⋯⋯紫青是呼青疼不⋯⋯乾妹是清水辣味⋯⋯乾酒，乾妹頭我頭⋯⋯」	銅山縣〈一只花船〉、邳縣〈花船調〉、連雲港〈小船漂四方〉
1400	428	14	情歌	贊慕歌	小小花船順水漂	東海縣	男子戀慕女子共同撐船的歌謠	湯湖船	「佳人掌舵我撐篙，⋯⋯花船娘子刷拈拈情哩」	

總量編號	地方編號	分類編號	類別	原分類	歌謠名（＊為代表歌謠）	原出處	主旨	形式	備註	異文
1401	429	15	情歌	贊慕歌	小小龍船十八艙	雲台區	男子上湖廣賣米，女子意外跌入艙中，成就姻緣	下河調	「……湖廣大姐來買米，腳踏船頭手扳艙，一下拌在船中夫，郎開艙鎖系胴房，鎖胴了雙掌鎖，大姐就愛這少年郎。」	連雲港兒歌〈小扁擔〉、情歌〈揚州好丫頭〉、〈我愛揚州〉
1402	430	16	情歌	贊慕歌	姐在河邊淘白米	灌南縣	運鹽河上男女一見鍾情、盟訂之歌	浪淘沙（對唱）	「請問公子哪裡人？……有心請妹個甚人？……有心請妹人來說親，不知大姐肯不肯？……不嫌妹貧生得醜，匹配乾哥手攙手。乾哥河水日月流，乾哥乾妹靠頭。」	
1403	431	17	情歌	贊慕歌	誇郎	東海縣	以下棋為興的戀慕情歌	下盤棋	「……棋不按路心在哪裡？……」	
1404	432	18	情歌	贊慕歌	五誇小妹	東海縣	從頭到腳誇讚女子標致，要請媒說親	勸郎調	「……四誇小妹長得好，三尺白綾把腳包，香色的襪子顏色重，皮底的小鞋後跟高，可見白妹情情歌」	
1405	433	19	情歌	贊慕歌	結交乾妹子	東海縣	戀慕女子美貌期待與之共度一生	關東調	「魚兒慶不離水啊，船兒啊不離篙，相親相愛啊直是愛到老」	
1406	434	20	情歌	思戀歌	姐在房中織綾羅	新浦區	女子怨恨母親貪圖大量財禮收聘私奔，情願私奔，就算因此驚動官府也在所不惜	打牙牌	「……我媽呀十七呀將我養啊，媽呀我今年二十多，一眼呀媽婆十八配我哥，一眼呀媽媽要禮多啊，活活耽誤了我。」	

總量編號	地方編號	分類編號	類別	原屬分類	歌謠名（＊為代表歌謠）	原出處	主旨	形式	備註	異文
1407	435	21	情歌	思戀歌	姐在房中把花描	東海縣	女子上街看見俊俏後生，決定再見面時就要與之私奔	青陽扇	「明天我要趁個早，大街走一遭。照那俊俏標致的白連小少婆。橫下一條心，情願跟他跑。……天涯海角追遠。」	
1408	436	22	情歌	思戀歌	姐在南園望婆家	贛榆縣	女子急盼夫家來迎娶，甚至想自己奔去	打牙牌	「再過三月不來娶，打他家上他家。看他說個什麼話。見著公叫媽媽，見著婆婆叫媽媽，見小郎就叫小他」	
1409	437	23	情歌	思戀歌	郎怎不常來小奴家	東海縣	女子期望情人帶自己私奔	摘石榴·二		
1410	438	24	情歌	思戀歌	情絲如網絲絲扣	連雲區	以漁網起興，喻兩人情絲絲相扣	十杯酒	「千梭萬線心連心……望哥滿艙早返航，哥哥撒手上網一片片，全是妹手上線，情絲如網絲絲扣，滿兩人就相見。」	
1411	439	25	情歌	思戀歌	想哥想得肝腸斷	贛榆縣	女子思念情人，自覺雙相思極其痛苦	相思調	「單相思病還好過，雙變相思病要一命亡。」	
1412	440	26	情歌	思戀歌	扁擔湯湯五尺長	東海縣	以扁擔起興，女子自覺與情人一如扁擔兩端，難以見面	哭七七	「扁擔湯湯五尺長，挑水望情郎。恩想情哥難得會，挑起水桶哭一場。」	
1413	441	27	情歌	思戀歌	姐在房中繡麒麟	東海縣	女子房中做女紅常想起情人	下盤棋	「郎呀時常把你掛在心。」	
1414	442	28	情歌	思戀歌	荷花出水面對面	東海縣	以荷花起興，荷花出水面對面，但女子不見情人	楊柳青		
1415	443	29	情歌	思戀歌	手捧情書淚滿腮	贛榆縣	女子讀書思念情人	倒扳槳		

總量編號	地方編號	分類編號	類別	原分類	歌謠名（＊為代表歌謠）	原出處	主旨	形式	備註	異文
1416	444	30	情歌	思戀歌	黃昏則得煲妝罷	灌雲縣	女子期待丈夫回家	疊落金線		《海州宮調排子曲大全》
1417	445	31	情歌	思戀歌	夜半淒涼訴與誰	東海縣	繡好鴛鴦也不能治孤單相思			
1418	446		情歌	思戀歌	珍珠倒捲帘	贛榆縣	從一到十再從十到一倒數為數字詞的思夫歌	滿江紅	「一輪明月……二人佳人裡……三更天……四月裡……五言詩……六文課……七弦琴……八行書……九重陽……十里長亭……七月裡……夢……八月中涼……七月七……六月涼……五盞寒消……夢亭中……四壁寒蟲……三江水……二眉精……拼上一命將你找……。」	
1419	447	33	情歌	思戀歌	俏佳人悶沉沉	贛榆縣	女子思夫	蓮花落		
1420	448	34	情歌	思戀歌	四季遊春	贛榆縣	情人因遊春結識、夏季交心、秋季思慕、冬季相思	小王娥郎		
1421	449	35	情歌	思戀歌	十二月想郎	東海縣	女子分十二個月思念外出丈夫	刮地風（十二月調）		銅山縣〈思夫〉、睢寧縣〈十二月思郎〉、邳縣〈十二月想郎〉
1422	450	36	情歌	思戀歌	五更思郎	新浦區	女子分五更思念情人，最後天亮以為是情人到來、一驚之下才發現是母親進房	梳油頭（五更調）		
1423	451	37	情歌	思戀歌	五想乾哥	淮北鹽場	女子分五段思念情人	孟姜女		

總量編號	地方編號	分類編號	類別	原分類	歌謠名（*為代表歌謠）	原出處	主旨	形式	備註	異文
1424	452	38	情歌	思戀歌	陳妙常相思	淮北鹽場	陳妙常思凡	僅子調		
1425	453	39	情歌	思戀歌	五更想郎	東海縣	女子獨守空閨，思念當兵的丈夫	五更調連曬	「……思想起來想多娘，怨了多娘無主意，給俺當兵郎……」	
1426	454	40	情歌	思戀歌	盼才郎	東海縣	女子分五更思念情人	五更調哭小郎		
1427	455	41	情歌	思戀歌	想郎	東海縣	女子從日常生活小事思念情郎	鳳陽引	「梳頭、穿褂子、穿褲子、穿鞋子、推磨、磑碓、走路、睡覺、作夢」	銅山〈小姐想郎歌〉、邳縣〈門口有一棵槐楊樹〉、東海〈想郎〉、新沂〈想起郎〉《海州宮調排子曲大全》
1428	456	42	情歌	思戀歌	起南飛來一群雁	雲台區	以雁群、王昭君、陳杏圓把興數孤單之苦	南調		
1429	457	43	情歌	思戀歌	可恨小姑娘	灌雲縣	男子對女子一見鐘情，趁夜想私會不成，還因此跌跤受苦、茶飯不思	闖五更調		
1430	458	44	情歌	結交歌	不怕山高水又深	海州區	以蓮心與燈草心互喻有情人之心，因此不怕山高水深	探妹調		
1431	459	45	情歌	結交歌	隔山隔水情不變	灌南縣	以一切改變惟情不變	下河調	「風吹雲動天不動，水動船移岸不移，刀斷稿斷絲不斷、隔山隔水情不變。」	
1432	460	46	情歌	結交歌	泡上一壺茶	東海縣	女子泡茶以待情郎	平西調		
1433	461	47	情歌	結交歌	雙雙愛戀流	新浦區	有情人情投意合	調兵調		
1434	462	48	情歌	結交歌	目聽情哥門外喊	灌南縣	情人相約，女子打扮時因興奮忙中有錯	梳妝台		
1435	463	49	情歌	結交歌	佳人對鏡把頭梳	新浦區	女子婚後早起梳妝打扮，但怕見公婆姑叔	艤斷橋	「心中害怕你多娘多屬害啊……又怕你的組妹見弟多啊！」	

總量編號	地方編號	分類編號	類別	原分類	歌謠名（＊為代表歌謠）	原出處	主旨	形式	備註	異文
1436	464	50	情歌	結交歌	小小花船水上漂	東海縣	有情人相會於船上，下棋後不捨分離	八段景‧一		
1437	465	51	情歌	結交歌	小小鯉魚粉紅鰓	灌雲縣	以懷抱鯉魚、仙鶴落懷以喻兩情交好	八段景‧二	「鴛鴦戲水，牡丹引鳳凰。」	
1438	466	52	情歌	結交歌	消閑無事來到乾妹家	灌雲縣	有情人趁家人不在於女子家私會，之後男子去不回，在外地移情視為情別當然	八段景‧二	「邊州有包樓，小大姐俊溜溜。為郎賣賈玉珍藍橋把情偷。小小乾妹子，乾總哥告訴你啊，水流千里離向大海流。」	全連雲港市皆傳唱此歌
1439	467	53	情歌	結交歌	探妹	灌南縣	以十二個月花起興，以十二組戀人喻有情人	探妹調	……韋郎女呂溫侯……昭君娘招輝女呂溫侯……昭君娘娘送天子……梁山伯巧遇祝英台……楊貴妃安祿山……張生崔鶯鶯……牛郎會織女……潘必正陳妙常……小喬同周瑜……孟美女萬杞梁……唐伯虎秋香英楊六郎……遊桂	
1440	468	54	情歌	結交歌	郎拜年	海州區	男子到情人家拜年，一起享用美食，女子讚情人文武皆通	小郎調	「喜吃那瘦的刀塊雞……愛吃那個肥的情人兒，刀塊肉當哥呀哥……」	邳縣〈郎拜年〉
1441	469	55	情歌	結交歌	站花牆	東海縣	楊二舍與王美然的調情	拉魂腔（徐州地方戲曲）歌詞		
1442	470	56	情歌	結交歌	姐在南園扣鴛鴦	東海縣	女子聽聞情人生病，遮遮掩掩備備果品探病	打牙牌		
1443	471	57	情歌	結交歌	賣油郎獨佔花魁	東海縣	賣油郎獨佔花魁的故事	碼頭調（五更）		

附 表

—717—

總量編號	地方編號	分類編號	類別	原分類	歌謠名（＊為代表歌謠）	原出處	主旨	形式	備註	異文
1444	472	58	情歌	結交歌	竹子插地也生根	淮北鹽場	女子勸情郎慢慢等待父母同意，總有得到祝福的一天	哭七七	「妹勸哥哥多心，菱容父母死惱防，醉漢自有清醒時，芽苹逢春會發青。小滿鹽商急急慈，冷水泡茶慢慢濃。吐口唾地也生根，笋、竹子插地也生根。」	
1445	473	59	情歌	熱戀歌	打櫻桃	東海縣	女子拿竹竿打櫻桃卻被輕浮男子攔腰抱住	打牙牌	「人挨呀樹高呀摔不著竹，南邊就來個小狂務，一把摟住我的腰……」	
1446	474	60	情歌	熱戀歌	月亮照照樓梢	東海縣	女子整夜等情人私會未成、正待要去鬧氣，開窗卻見情人就在窗下等候	泗州調		
1447	475	61	情歌	熱戀歌	月亮照花台	東海縣	女子盼情郎幽會之歌，先悲後喜。	無錫景	「覷漢了郎哥到床前，我忙將起未撕他衣裳，丫環提醒起來撕破了衣衫還得給做，倒不如輕輕地扭扭他耳性。」	睢寧縣〈五把金枝哩〉
1448	476	62	情歌	熱戀歌	二十五更	東海縣	年輕男子私闖閨房，後被女子勸服決定明媒正娶女子後方為夫妻。後書生回家後相思病，最後女子悄悄探病，兩人私會終成夫妻	五五二十五更（故事歌）		新沂縣〈小五更〉（取第一段小五更）
1449	477	63	情歌	熱戀歌	銀燈點點把來	東海縣	女子與情人在房中私會歌	大五更		
1450	478	64	情歌	熱戀歌	高郵西北鄉	灌南縣	有情人終到廟中進香香相會	高郵西北鄉調		

總量編號	地方編號	分類編號	類別	原分類	歌謠名（＊為代表歌謠）	原出處	主旨	形式	備註	異文
1451	479	65	情歌	熱戀歌	跳粉牆	東海縣	男子跳入女子閨房私會一夜的熱戀歌	打新春（五更調）		
1452	480	66	情歌	熱戀歌	五柱香	東海縣	男子到情人家過夜，各種聲響使女方母親起疑，女子以各種理由搪塞	打新春（五更調）	「……小才郎來到門上，閨女說風吹了吊響叮噹……小才郎來到奴綉房，……小才郎來在踏板上……小才郎來到奴床上……閨女說裡綳床床框上……小才郎說來到奴枕上……閨女說綳裡發苦吃冰糖……小才郎來到老王打水打壞缸」	
1453	481	67	情歌	熱戀歌	月兒過花牆	東海縣	有情人閨房私會	五更等郎		
1454	482	68	情歌	熱戀歌	五更相會有情人	灌南縣	女子因病相思請來情會，順便對情人抱怨男子母親對自己的委屈	南板疏妝台	「下一回，我母親若再得罪你，說過話，我小主天天不離你家門，對我走老情人。五更天裡我不要你，當面來奉承山間竹根靠竹筍，你拿棒米湯灌什麼人？……」	
1455	483	69	情歌	熱戀歌	五更會情郎	新浦區	男來綉樓私會歌	探妹調（五更）	「耳聽得氳樓上鼓打。一更天，小姑娘綉房故意做針綫。綉花就是假的，我的寺嗄，等你一更天姛啦，二人配姐緣啦。」	
1456	484	70	情歌	熱戀歌	姐在房中好心焦	東海縣	大膽用喻的私會情歌	無錫景（五更）	「一更天裡月亮漸漸高。姐兒在房中好心焦。翻來覆去難睡覺，諕著二位多娘出去轉一遭。」	

總量編號	地方編號	類別	原分類	歌謠名(*為代表歌謠)	原出處	主旨	形式	備註	異文
1457	485	情歌	熱戀歌	一朵鮮花為你開	東海縣	女子與情人在提綵苔時見面，傅遞夜裡私會的信息，要情人攀梧桐樹學貓叫為記號，成就好事	提綵苔	「大天白日你不要動，要想你心事今晚未。……張飛騎馬雲裡會，鯉魚啣雲打挺沙裡栽。月落雜雞雲兩散，一朵鮮花為你開。」	
1458	486	情歌	熱戀歌	姐在南園拔小蔥	東海縣	女子與情人在菜園相會，約定夜裡私會。兩人相會後，卻被兄長發現，瞞騙不過，兩下驚慌	梳妝台	「張生鶯鶯喜相逢，哥問被誰喜什麼？鯉貓縋進被窩中，踢跳亂蹦碰響鈴。一喝一撑我不信，春風明月不關情。一聽這話了不成，二人嚇得鑽窗窿，二人撤了蹦。」	
1459	487	情歌	熱戀歌	月亮將東升	東海縣	男女私會後，女子要求早日成親	梳油頭(五更調)		
1460	488	情歌	熱戀歌	十二月調情	東海縣	情人從年初調情到珠胎暗結，直到年底結婚	探妹調(十二月歌)		
1461	489	情歌	熱戀歌	十二月探妹	東海縣	有情人本欲成婚，奈何父母將女子許配給富貴老人，有孕的女子索性與情郎私奔	探妹調(十二月歌)		
1462	490	情歌	熱戀歌	小姑娘倒貼	東海縣	女子深愛情人，忍受一切惡言相向，又為情人延醫備食治辦冬衣，唯請情人對外說自己是其妻，以免人訕笑自己是倒貼的。	下河調	「到了外邊有人問道你，你就說奴是你的妻。千萬別說是你相好的，千萬別說小奴是倒貼的。」	
1463	491	情歌	熱戀歌	嘆十聲	東海縣	1.男女對唱長歌 2.分十段進行	1.男女對唱長歌 2.分十段進行(手扶欄杆)		

總量編號	地方編號	分類編號	類別	原分類	歌謠名（＊為代表歌謠）	原出處	主旨	形式	備註	異文
1464	492	78	情歌	熱戀歌	相思鬧五更	東海縣	男子到情人家過夜、各種聲響使女方母親起疑。女子以各種理由搪塞。各更都有模仿動物鳴叫	鬧五更	分別模仿蚊子、青蛙、貍貓、小狗、公雞，成為口技模仿	新沂縣〈鬧五更〉
1465	493	79	情歌	熱戀歌	四本	東海縣、贛榆縣	富家小姐愛上家中長工（四本），有孕後索性與之成婚	太平年（十二月歌調）		
1466	494	80	情歌	熱戀歌	八月桂花香	東海縣、贛榆縣	張生與崔鶯鶯段	粉紅蓮		
1467	495	81	情歌	情物歌	小小竹子細條條	東海縣	以情物贈與情人，期望情人不忘自己	八段景・二	竹子做簫、梧桐做月琴；斑竹做二胡；銅鏡照才郎；兜兜掛胸膛；帶身旁；帶著書箱去留洋；鋼筆作文章	
1468	496	82	情歌	情物歌	為郎繡荷包	東海縣	如題	打牙牌		
1469	497	83	情歌	情物歌	繡荷包	贛榆縣	前為繡荷包；但後為繡絨花系列	打牙牌		
1470	498	84	情歌	情物歌	十把小扇	灌雲縣	藉扇子起興，談兩人相愛最後成連理	楊柳青		
1471	499	85	情歌	情物歌	繡兜兜	海州區	女子為情人繡兜兜	打牙牌		
1472	500	86	情歌	情物歌	繡花鞋	灌南縣	從上到下、從左到右，從一到十的典故都繡入	下河調		
1473	501	87	情歌	情物歌	繡手巾	連雲區	女子為在船上工作的情人繡手巾，祈願一年四季都順利	連雲區	「春天手巾繡鴛鴦……夏天手巾繡蝴蝶……秋天手巾繡條船……冬天手巾繡燈龍。」	
1474	502	88	情歌	送別歌	送別歌	東海縣	女子為丈夫送別便叮嚀行路安全	四送調打牙牌		銅山縣〈送郎歌〉、邳縣〈繡絨墩〉

總畫編號	地方編號	分類編號	類別	原分類	歌謠名（＊為代表歌謠）	原出處	主旨	形式	備註	異文
1475	503	89	情歌	送別歌	五更分別	灌雲縣	男女分別前相互叮嚀不可變心及自求保重之話	梳妝台		
1476	504	90	情歌	送別歌	送君送到百花洲	贛榆縣	以百花為題反襯離別的哀傷	四送調孟姜女	「……心比黃連還要苦」	〈送情郎2〉
1477	505	91	情歌	送別歌	送郎送到十里墩	東海縣	以一到十為題，送情郎外出經商	四送調好風光		
1478	506	92	情歌	送別歌	送情郎	東海縣	送情郎送到大門東、西、南、北、分別取束喻未來生于	四送調蓮曬	「……送情郎一梨園……情郎一花園……送情郎一桃園……送情郎山檀園」	銅山縣、邳縣〈送情郎〉
1479	507	93	情歌	送別歌	十送郎	東海縣	妻子送丈夫參加新四軍抗日時種種的離別勤作。	四送調	女子送丈夫到大櫃前、皮稻前、門樓、門西、門外、五里坡、十字街、十里橋、後碼頭、上輪船	銅山縣〈送郎參軍〉
1480	508	94	情歌	送別歌	十送	新浦區	梁祝看見送、從一到十里、漸行漸遠	好風光	一里山、二里山、三里堤、四里塘、五里灣、六里河、七里庄、八里井、九里墳。	
1481	509	95	情歌	思別歌	銀台報喜燭生花	新浦區	女子看見喜兆，認為是遠行的丈夫要回家了	疊落		
1482	510	96	情歌	思別歌	花花蝶蝶	灌雲縣	以蝴蝶起興唱出心上人家住海州，想與之傳倩消息；但大雪紛飛無從打探	九連環		
1483	511	97	情歌	思別歌	牙牌課郎在何處	灌南縣	女子以牙牌想算出情人行蹤不得，最後還是想親自問清楚	打牙牌		
1484	512	98	情歌	思別歌	何日還奴相思債	贛榆縣	女子以罹南飛起興，思念遠行情人，怨怪情人沒還有音信。充滿秋意淒涼之歌。	軟鳳陽	「金風陣陣高，相思病實難熬」	

總量編號	地方編號	分類編號	類別	原分類	歌謠名（＊為代表歌謠）	原出處	主旨	形式	備註	異文
1485	513	99	情歌	思別歌	一輪明月當空照	新浦區	女子以月當空起興，以為情人歸來，誰知又是一場空	波揚		海州地方全區皆有流行。
1486	514	100	情歌	思別歌	尤家二姑娘	東海縣	女子思念情人，欲寫信寄情，以數字一到十為題發揮，無奈寫成也沒有人為之送信。	十寫調		新沂〈十寫歌〉
1487	515	101	情歌	思別歌	怕到春來春又來	贛榆縣	女子四季思念情人，從春天盼到冬天仍不見情人蹤影	玉美人	「怕到春來春又來，杏花一齊開。杏花跟著梨花開，過地百草革花覺開。……玫瑰花放，即不來。斷橋石榴花兒開，荷花飄過即花放，鳳仙花兒笑春去著開，……你道菊花開時，轉回來。……斷橋梧桐花又開……」	
									「飄飄，丹桂添香滿樹搖。……夏過秋去冬又來，……斷橋東梅花又開。」	
1488	516	102	情歌	思別歌	相思病害得奴	東海縣	女子怨嘆情人一去不回，又聞父母已做主婚配，痛苦難捱	滿江紅儕南板板梳妝台(四季歌)	南板梳妝台分段分四季唱出相思	邳縣〈初次會見有情人的面〉、睢鑾〈四季相思〉、新沂〈四季相思〉
1489	517	103	情歌	思別歌	十二月相思	東海縣	女子分十二月思念外出未歸的丈夫。	小玉娘郎(十二月歌)	較徐州地區歌謠為溫柔	銅山縣〈盼郎誦〉、睢寧縣〈思夫〉、新沂〈十二月想郎〉、邳縣〈十二月思盼〉
1490	518	104	情歌	思別歌	五更夢難成	東海縣	女子夜思情人	香荷包(五更調)		

總畫編號	地方編號	分類編號	類別	原分類	歌謠名（＊為代表歌謠）	原出處題	主旨	形式	備註	異文
1491	519	105	情歌	思別歌	四季相思俏佳人	東海縣	男女雙方以四季為題相互思慕	李玉連（四季歌）		
1492	520	106	情歌	思別歌	四季望郎	連雲區	女子思念一去不回的情人	哭七七（四季歌）	「春季到來柳絲長……夏季到來麥子黃……秋季到來雁南歸……冬季到來雪花飛……」	
1493	521	107	情歌	思別歌	四季相思	灌雲縣	女子與情人一見鐘情，請情人快托媒說親	玉美人（四季歌）		邳縣〈初次會見有情人的面〉、睢寧〈四季相思〉、新沂〈四季相思〉、連雲港〈相思害得奴〉
1494	522	108	情歌	思別歌	俏佳人合清清	贛榆縣	思念情人	連花落		（未萃聲集古詩吟唱）
1495	523	109	情歌	思別歌	思征夫	東海縣	女子思征夫	銀鈕絲（四季歌）		
1496	524	110	情歌	抗婚歌	繡花針	東海縣	男女兩人對歌，演唱出兩個有情人面對無法做成身成眷屬時所做的打算，最後決定兩人下分手	打牙牌	（較短，疑為部份）	銅山縣〈姐兒房中悶沉沉〉、邳縣及睢寧〈扣花針〉、新沂〈姐在房中扣花針〉
1497	525	111	情歌		姐在房中織紅綾	東海縣	男女兩人對歌，演唱出兩個有情人面對無法做成身成眷屬時所做的打算，最後當女子請情人來算	下河調		銅山縣〈姐兒房中悶沉沉〉、邳縣及睢寧〈扣花針〉、新沂〈姐在房中扣花針〉、連雲港〈繡花針〉
1498	526	112	情歌		十字路上會情人	灌南縣	男女兩人對歌、女子即將出嫁，男子打聽女方家反應，最後決定兩人再私會於十字路口	下盤棋	「大大陪客堂坐，媽媽房中不支聲，……哥哥看見奴家笑，嫂嫂見奴不能我早出門。……妹子未是女婿叙，弟弟南學讀書文，他們不同我出門不出門。」	銅山縣〈姐兒房中悶沉沉〉、邳縣及睢寧〈扣花針〉、新沂〈姐在房中扣花針〉、連雲港〈繡花針〉

總量編號	地方編號	分類編號	類別	原分類	歌謠名（＊為代表歌謠）	原出處	主旨	形式	備註	異文
1499	527	113	情歌		五更梳油頭	贛榆縣	男子原本與情人相愛，忽聞女子要另嫁而揚心不已	梳油頭（五更調）	「……喊，棃有情哥的喂，等哥奴回來。」	
1500	528	114	情歌		轉周集找情郎	東海縣	已婚女子失去情人蹤影，不顧夫家知情與否，四處外出找尋。唱出東海縣街景	打牙牌	「拍拍胸口摟摟肩，待你不周全？你怎能很心扔了俺？……」	
1501	529	115	情歌		十勸郎	東海縣	女子愛上情郎，情願倒貼私奔，也下要嫁去婆家	勸郎調		
1502	530	116	情歌		姐在河邊洗高高	灌雲縣	以女子在河邊洗高起興，識會情人，但男子四處收牛使女子飽受兄嫂責難。最後女子情願與情人私奔。	下盤棋	「……你在呀朋友面前吹那個大氣，亂說那個小妮是相好地、乾哥哥呀，有面樹有皮，咿呀呀海喲，下回說話可要注意。」	
1503	531	117	情歌		姐在房中涙簌簌	東海縣	婦人因爲情人遭受婆家非難，性命難保，求情人帶她遠走高飛	三十六鴛頭	「公公遠得俺要上吊，婆婆喜罰得俺跳河……狠心丈夫又把鋼刀磨。」	
1504	532	118	情歌		姐在南園摘黃瓜	東海縣	私情人再會南園，女子因與情人私會受了女婆家打罵，要求情人與之遠走高飛到揚州白頭偕老	摘石榴。一	「……前兩天爲你接了女婿打，這幾天爲你受了婆婆，接打受罵都爲你這小冤家。」	
1505	533	119	情歌		姐在南園摘石榴	灌南縣	私情人再會南園，女子因與情人私會受婆家打罵，要求情人與之遠走高飛到揚州白頭偕老	摘石榴	「你要貴心對我好，我摘石榴你來打岔，快點來不要撞見我大大。」	東海縣〈姐在南園摘黃瓜〉
1506	534	120	情歌		郎哥帶我上揚州	新浦區	女子要求情人帶著自己私奔，也不在意連路緣都規勸好；只要兩人相依爲命就唱好	打牙牌	「一百銅錢搭個丁頭，三根木棍搭個丁頭，二人住裡頭。要是有大來縫問，怕他怎麼地！有福我們兩人享，有罪也是我倆受，受苦也風流。」	

總量編號	地方編號	分類編號	類別	原分類	歌謠名（＊為代表歌謠）	原出處	主旨	形式	備註	異文
1507	535	121	情歌		逛逛三十六碼頭	灌南縣	女子因私情遭婆家毒打，索性與情人私奔，以船為營生，順便逛遍各名山勝景，從蘇北沿運河一路到浙江、南京，再回到海州	三十六碼頭	各大景點一一點出：清江、淮城、寶應、氾水、高郵、揚州、瓜洲、鎮江、常州、無錫、宜興、蘇州、昆山、上海、嘉興、杭州、西湖、徽城、景德鎮、九江、下關、浦口、六合、灌口、漣水、響水口、灌雲、海州。	
1508	536	122	情歌		九日瞧郎	東海縣	女子新年就接到情人病重惡耗，每天早上去嘆病，一路陪顧到情人病歿	哭小郎		
1509	537	123	情歌		柳葉青滿天	東海縣	京西送家女兒與情人私會被父母撞見，最後跳河尋死。情人也隨之殉情	無錫景（五更）	「眼看蘆溝橋近看看步步高，有一對小荷花枝在水上漂。金魚咬著蓍銀魚尾，銀魚緊靠著金魚的腰。」	
1510	538	124	情歌		相聚等來生	東海縣	女子臨死前與情人告別，期待來生再會	玉美人		邳縣〈玉美情人〉
1511	539	125	情歌		玉美佳人	東海縣	女子死前與丈夫話別，請丈夫另尋佳人撫兒長大。	玉美人	「人生在世不能過千年，少年夫妻老來是伴，早晚先後都要辭開人間。」	邳縣〈玉美情人〉
1512	540	126	情歌		梁山伯與祝英台	崗埠農場	梁祝故事，從金金玉女下凡唱起	玉美人（十二月歌調）		
1513	541	127	勞動歌		放羊	徐州市	放羊者邊放羊邊怨恕地主，把氣發在羊身上			
1514	1	1	勞動歌		打鑽歌	徐州市	打鑽製造鐮刀、槍、炮、斧子以供前線使用。			

總量編號	地方編號	分類編號	類別	原分類	歌謠名（＊為代表歌謠）	原出處	主旨	形式	備註	異文
1515	2	2	勞動歌	礦區民歌民謠	礦區歌謠1	徐州市	感嘆有女不嫁下窯郎（礦工）		「有女不嫁下窯郎，一年空著半年床。十天半月來一趟，洗不盡的炭衣裳」	
1516	3	3	勞動歌		礦區歌謠2	徐州市	礦工謀生不易、收入微薄		「身上無衣肚無飯，拿個糠餅打連班……藍工打，頭子罵，礦工不如牛和馬。……」	
1517	4	4	勞動歌		礦區歌謠3	徐州市	礦工生活無法養家的悲哀		「把頭打，漢奸揍，過去幹工最難受，妻子上吊一根繩，賣兒賣女多苦情。都說的老鼠黑黑炭，人要下窯沒法辦。」	
1518	5	5	勞動歌		礦區歌謠4	徐州市	礦工生活的困苦		「一班半升子米，住的屋，晴透風水陰灌雨，穿的灰布衣，二五壯漢小來不養老，把頭漢臭窯戶，一飢，不順心叫坐牢。」	
1519	6	6	時政歌	勞動歌	礦區歌謠5	徐州市	礦工期待共黨前來政權替換		「馬餓極了毛頭長，人遠急了要反抗，鳥兒不願住鳥籠，窮人都帶入路性……」	
1520	7	7	時政歌	勞動歌	礦區歌謠6	徐州市	共黨政權替換受礦工歡迎			
1521	8	8	勞動歌		上井謠1	徐州市	入礦坑工作不易		「飯好吃，錢難拿：十道綜車最難爬。」	
1522	9	9	勞動歌		上井謠2	徐州市	出礦坑看似輕鬆實則收入微薄		「上井坐大罐，真像活神仙。回家沒吃的，出外去討飯。」	

總量編號	地方編號	分類編號	類別	原分類	歌謠名（＊為代表歌謠）	原出處	主旨	形式	備　註	異　文
1523	10	10	勞動歌		上井謠 3	徐州市	礦坑上下似神仙		「飯好吃、錢好拿、一天兩遍煙，一溜煙的上來啦！」	
1524	11	11	勞動歌		煤礦歌謠 1	徐州市	指明徐州周圍幾個礦區的名稱		「夏橋韓橋肩靠肩，青山泉、大黃山，由裡拐彎到蕭縣、徐州轉圈園都是炭。」	
1525	12	12	勞動歌		煤礦歌謠 2	徐州市	煤礦礦工收入不足以養家		「不養老、不養小，到老出盡牛馬力，伴塊黃土到荒郊。」	
1526	13	13	勞動歌		煤礦歌謠 3	徐州市	礦工不得不下窯的悲哀		「有心不下這班窯，哪有黍子稜麥苗？」	
1527	14	14	勞動歌		煤礦歌謠 4	徐州市	如果不能做礦工，就去當土匪		「賣汪不讓幹，山後幹人路。」	
1528	15	15	勞動歌		煤礦歌謠 5	徐州市	1934 年賈汪煤礦區北宿舍爆發集體瘟疫，導致大量礦工死亡		「筒子屋、閻王堂、十人進去九人亡，活著出盡牛馬力、死後拋進亂屍崗。」	
1529	16	16	勞動歌		煤礦歌謠 6	徐州市	礦工吃不飽、穿不暖		「身上無衣肚無飯、半個糠窩打連班」	礦區歌謠 2
1530	17	17	勞動歌		煤礦歌謠 7	徐州市	礦工收入無法養家		「支夫下窯妻討飯，井上井下受熬煎，兒女下來碳打頭顱、賣人市上哭聲慘。」	
1531	18	18	勞動歌		煤礦歌謠 8	徐州市	礦工工作如在地獄		「天下地獄十八層、十八層底皇是碳坑」	
1532	19	19	勞動歌		煤礦歌謠 9	徐州市	不是走投無路絕不作礦工		「一販私鹽二販紗、千條路走盡、才把黑炭掏。」	
1533	20	20	勞動歌		煤礦歌謠 10	徐州市	挖礦結束極其疲憊		「若爬大崖上了路、兩腿就像灌了醋」	

總彙編號	地方編號	分類編號	類別	原分類	歌謠名（＊為代表歌謠）	原出處	主　旨	形　式	備　註	異　文
1534	21	21	勞動歌		煤礦歌謠11	徐州市	形容礦坑一如地獄，是礦工的血淚累積		「窯下是個活地獄，窯戶血淚流成河」	
1535	22	22	勞動歌		煤礦歌謠12	徐州市	形容礦坑一如地獄，礦工在其中如牛馬		「工人下窯一個班，要過三道鬼門關。過了三關把窯下，人間地獄牛馬般。」	
1536	23	23	時政歌		煤礦歌謠13	徐州市	礦工期待政權交替			
1537	24	24	時政歌		煤礦歌謠14	徐州市	1950年礦工制度改變，廢除把頭制。			
1538	25	25	時政歌		煤礦歌謠15	徐州市	慶祝礦坑解放。			
1539	26	26	勞動歌		扒河	徐州市	從扒河原因開始唱扒河工程及延誤的原因		「為什慶年年發大水？……淮海低窪該扒高……老平河道胡鬧：日本鬼子瞎胡鬧：蔣个石盜……」	
1540	27	27	勞動歌		賣香草歌	徐州市	叫賣者先說自己來歷；次將香草依名擬香人成故事；最後說明各香草對各年齡層各行業人的好處			
1541	28	28	勞動歌		搖大糖	徐州市	搖糖鬮點數，邊搖邊唱徐州歷史名勝。			連雲港〈搖糖球歌〉
1542	29	29	時政歌		哭五更	徐州市	窮人家分五更哭訴生活困苦，分別是拉喉的吵鬧：無米下鍋老少挨餓；家主無糧下田耕作；窮人之子沒人敢嫁；最後共黨來了，改權替換，使得窮人能翻身。	五更調		

總彙編號	地方編號	分類編號	類別	原分類	歌謠名（＊為代表歌謠）	原出處	主旨	形式	備註	異文
1543	30	1	時政歌		五更天	徐州市	分五更唱訴婦女在舊社會中受到的不平等待遇：重男輕女、裹腳、公婆虐待。最後共黨執政，婦女得以翻身。	五更調	「小女孩七八歲裹上兩隻腳，不敢走來不敢踩，得渾身打哆嗦，不敢門前站，有話對誰說？」	
1544	31	2	時政歌		軍閥混戰歌謠1	徐州市	嘲諷張宗昌軍隊什麼都搬了，只差門前的石槽沒搬走		「第三軍，真正好，門口的石槽沒抬跑。」	
1545	32	3	時政歌		軍閥混戰歌謠2	徐州市	嘲諷孫傳芳軍隊裝束破爛不改		「頭頂鐵鍋盤，身穿一圓圈，傳芳坐天下，不當二年。」	
1546	33	4	時政歌		軍閥混戰歌謠3	徐州市	嘲諷軍閥軍隊中兵多槍少的窘態		「老鄉見老鄉，兩眼淚汪汪。你是扛子隊、我是竹竿槍。」	
1547	34	5	時政歌		軍閥混戰歌謠4	徐州市	嘲諷奉軍被清除殆盡，只剩下將軍鬥		「開開門，一天星，奉軍死得乾淨淨。」	
1548	35	6	時政歌		軍閥混戰歌謠5	徐州市	百姓早已經會唱如何在軍閥混戰中求存		「老百姓，真會鬧。哪軍來說哪軍好。」	
1549	36	7	時政歌		四季苦	徐州市	分四季哭訴窮人賣力工作卻不得溫飽	四季歌	「冬季裡，湖地荒，航寒交迫賣雞當，鍋台上魚無米，把鍋下，孩兒們餓得叫多娘。」	
1550	37	8	時政歌		苦了老百姓	徐州市	惡吏當道，民不聊生		「抽稅又抽丁，要錢又要命。好了當官的，苦了老百姓。」	
1551	38	9	時政歌		倒苦水	徐州市	在地主家做工的窮民隨時遭受打罵，毫無尊嚴		「……不是打、來就是罵，無中生有暗捱罵，不如他家牛和馬。」	

總量編號	地方編號	分類編號	類別	原分類	歌謠名（＊為代表歌謠）	原出處	主旨	形式	備註	異文
1552	39	10	時政歌		做軍鞋	徐州市	女子為戰場上戰的情人連夜做鞋，樸實中帶有情意		「不納龍，不綉鳳，妹盼郎哥立戰功。」	
1553	40	11	時政歌		蘇北百姓硬骨頭	沛縣	蘇北民眾送游擊隊北遷，並具體為沛縣的游擊隊送糧		「蘇北百姓骨頭硬，頭要出頭。……一心打敗蔣匪軍，……狄根柳混當扁擔，肩挑糧食到沛縣。」	
1554	41	12	時政歌		找紅軍	徐州市	男子投身游擊隊，夜裡保長來抓人，翻牆投奔共黨			
1555	42	13	時政歌		日本鬼子真孬種	沛縣	日軍在沛縣被打敗，為求保命而自動繳槍			
1556	43	14	時政歌		勸君打鬼子	徐州市	妻子勸丈夫快去參加八路軍與日軍對抗，以報1941年屠殺之仇			
1557	44	15	時政歌		參加救國隊	徐州市	女子哭嘆丈夫被日軍殺死，聞者勸她參加救國隊助八路軍抗日。			邳縣《李大嫂哭丈夫》、《月亮漸漸高》、銅山《月亮漸漸高》、新沂《月兒漸漸高》、《放腳歌》
1558	45	16	時政歌		小五更	徐州市	分五更唱出共黨的過邊組織：姐妹團、兒童團、婦救會、模範隊。	五更調		
1559	46	17	時政歌		服兵役	徐州市	以「媽媽放寬心」為始，各段講述當兵者的責任與對國家的期待			
1560	47	18	時政歌		小奴家	沛縣	沛縣女子送丈夫入伍，希望丈夫打倒國民政府政權			

總量編號	地方編號	分類編號	類別	原分類	歌謠名（＊為代表歌謠）	原出處	主旨	形式	備註	異文
1561	48	19	時政歌		齒靠春風開新花	徐州市	歌頌四個現代化要用智慧實現	七言	「樹靠春風開新花，鷹靠雙翅飛天涯。魚靠水游大海，咱靠智慧搞四化。」	
1562	49	20	時政歌		跟著八路走	徐州市	女子不服舊時代媒妁之言的婚姻慣例，要自己隨八路軍			
1563	50	21	時政歌		住房	徐州市	不同時代不同的房屋建造	歇後語	「五十年代住草房，六十年代住包牆；七十年代住瓦房，八十年代住樓房。」	
1564	51	22	時政歌		紅眼病	徐州市	嘲諷嫉妒者見人好眼紅		「紅眼病，心不正，勞人富了不高興，人仙過海各顯能，自己甘當可憐蟲。」	
1565	52	23	時政歌		大鍋飯	徐州市	諷刺大鍋飯政策讓人好吃懶做、終將使國窮家窮		「出工一條龍，幹活大窟窿。吃的大鍋飯，國窮家也窮。」	
1566	53	24	時政歌		不綠千秋不罷休	徐州市	以翠柳泡桐為興、力求千秋不敗		「……越千秋，綠千秋。不綠千秋不罷休。」	邳縣同名歌
1567	54	25	儀式歌		道喜說好歌	徐州市	一人負責喜話；另一人負責應「好」		「新年新節發大財。」「好」	
1568	55	26	儀式歌		過年吉利歌	徐州市	開年喜歌，以富貴發財為主題		「大年初一開財門，門外有財神。門外有棵搖錢樹，門裡又有聚寶盆。……」	
1569	56	1	儀式歌		新年賀喜歌	徐州市	新年期間四處唱念的口采以博打賞		「……老闆發財咱沾光，老闆吃肉喝湯，說得好，道得好，一對傻頭跑跑，不，不了。」	

總量編號	地方編號	分類編號	類別	原分類	歌謠名（＊為代表歌謠）	原出處	主旨	形式	備註	異文
1570	57	2	儀式歌		入洞房	徐州市	入洞房時的撒帳歌，口中邊道喜話		「……一把栗子一把棗，明年添個小。三把糖，四把料，牛犢兒滿院跑。五把米，六把麵，羊羔四處跑，豬崽子盈滿圈。」	
1571	58	3	儀式歌		送房歌	徐州市	新人入房後，小姑點橙		「……太陽一落影升，一對小姑來點燈。……」	
1572	59	4	儀式歌		出嫁絞臉歌	徐州市	女子開臉時的口禾喜歌		「紅雞蛋，滿臉轉，今年喝喜酒，明年吃喜麵。」	
1573	60	5	儀式歌		擺拜堂桌子	徐州市	擺拜堂桌子時的口禾喜歌，唱出桌子的擺放位置及上置物		「新郎新娘來拜堂，八仙桌子按中央。五色果品整齊擺，一對花燭亮花堂。」	
1574	61	6	儀式歌		戳窗戶	徐州市	新婚夜有戳窗戶聽房習俗。戳窗戶時的口禾喜歌		「手拿紅漆筷，站在窗戶外。諸君快閃開，我好來戳筷。戳得快，戳得快，祝你早生貴子來。今日了卻相思債，巫山神女會陽台。」	
1575	62	7	儀式歌		新房鋪床歌	徐州市	鋪新人床時的儀式歌		「床公公個有福人，俺家娶了個有福踏神。又穿金又戴銀，兒女成雙一大群。」	
1576	63	8	儀式歌		鋪床歌	徐州市	鋪新人床時的儀式歌		「上房金雞叫，下房鳳凰啼。今天黃道日，正是鋪床時。」	

總量編號	地方編號	分類編號	類 別	原分類	歌 謠 名（＊為代表歌謠）	原出處	主 旨	形 式	備 註	異 文
1577	64	9	儀式歌		裝米斗歌	徐州市	新婚女子懷抱米斗（米斗）中裝米時所唱的儀式歌		「請來娘娘裝米斗，一連入個兒郎有。娘娘伸手裝米斗，有女成鳳美名留。寶鏡中放，遇見神女娘。寶米斗中放，遇見盼生貴王。金秤斗中插，盼生兩朵花。寶強放當中，入子進朝綱。」	
1578	65	10	儀式歌		填枕頭歌	徐州市	為新人準備借枕頭時的口采喜歌，說明枕頭內容物		「一把麥子一把草，填得枕頭正好好。一個枕頭入個角，夫婦白頭到老容呵呵。兩個枕頭都填完，夫妻和好遇百年。兩個枕頭裝枕好，先生閣女後生小。枕頭一擱，孩子成高；枕頭一拿，孩子亂爬。」	
1579	66	11	情歌		天上銀河隔織女	徐州市	問答歌，唱天文景觀		「什麼彎彎似個弓？什麼東西似火紅？……月兒彎彎似個弓，日照晚霞火樣紅。……」	
1580	67	12	情歌		情歌1	徐州市	男女情人協力打魚，倍覺甜蜜		「情哥撒網妹搖船，魚兒擺得像小山。空著肚子不覺餓，只因哥哥在身邊。」	
1581	68	13	情歌		情歌2	徐州市	情人想夜間私會，被女方嫂子攔阻不得		「妹妹今晚約郎哥，狠心嫂子把門擋。賭氣一夜未睡覺，三天見嫂不答腔。」	
1582	69	1	情歌		情歌3	徐州市	情人在南園相會無法盡訴情意			

總量編號	地方編號	分類編號	類別	原分類	歌謠名（＊為代表歌謠）	原出處	主旨	形式	備註	異文
1583	70	2	情歌		情歌4	徐州市	男子上歌場受傷，女子情願陪伴過一生		「情哥拿槍去抗戰，不幸負傷終生絕。哥哥不想連累我，我伴哥哥過一生。」	首見歌中提及戰爭的傷害
1584	71	3	情歌		我愛情哥勤快郎	徐州市	女子對情人的勤快深有好感		「黃牛愛吃嫩青草，我愛情哥勤快郎。」	
1585	72	4	情歌		妹妹永不變心腸	徐州市	女子向情人發誓永不變心		「一朵鮮花爬上牆，牆低花高迎風長。情哥到來搯了去，妹妹永不變心腸。」	
1586	73	5	情歌		願哥與妹同攜手	徐州市	情人相約一起求學		「妹正燈下學文化，願哥與妹同攜手。」	
1587	74	7	情歌		我到外邊去溜溜	徐州市	女子以藉口搪塞母親以便出外與情人相會		「媽媽問我想什麼？我說老鼠咬哇。媽媽問我去幹啥？我到外邊去溜溜。」	銅山〈小姐想郎歌〉、沛縣〈門口有棵槐楊樹〉、東海〈想郎〉、新沂〈想起郎〉
1588	75	8	情歌		送棉衣	徐州市	情人送的棉襖格外溫暖		「阿妹送我一件襖，好似火爐滿懷中。」	
1589	76	9	情歌		雪中送炭	徐州市	女子送棉襖給情人		「我藍領大漁裁褪袖，穿到一哥身上暖。」	
1590	77	10	情歌		打鐲子	徐州市	男子打鐲子送給情人，希望女子見物開懷	十杯酒	「……一打鐲子滾繡球，二打菜燕一碗，三打菜羊上麒麟……」	
1591	78	11	生活歌	時政歌	出家怨	徐州市	小尼姑埋怨父母送自己為尼，思凡要還俗	（疑五更調部份）		
1592	79	1	生活歌	時政歌	處世歌謠	徐州市	處世之道		「……拾手不打無兒娘，張口不罵老年人。上山虎不欺下山虎，迎時人不欺落時人。人到難處有火不添炭，人到危難處不添言。人到苦時方知甜。」	

總量編號	地方編號	分類編號	類別	原分類	歌謠名 （＊為代表歌謠）	原出處	主旨	形式	備註	異文
1593	80	2	生活歌		小紅襖	徐州市	小女孩在家中的地位與意義		「俺是娘的一枝花，俺是爹的貼錢櫃，俺是哥的尊眼，又，俺是嫂的舌頭板，俺是奶奶的耳朵眼。」	
1594	81	3	生活歌	儀式歌	出嫁歌	徐州市	姑嫂不合，小姑出門前向家中討嫁妝，嫂子隨便打發。		「嫂，嫂，咨陪嫁？門後有樂攔棒又，拿就拿，不拿打罷。」	
1595	82	4	生活歌		娘的恩情難報償	徐州市	敘說母親撫育子女的辛勞，子女難報		「……想起爹來懷中抱，想以娘來尿牀。左遠尿溼換右遠，右遠尿溼那遠遷；這遠溼來那遠遷，兩手抱在胸膛上。爹的恩情還好報，娘的恩情難報償。」	
1596	83	5	生活歌		收麥歌	徐州市	黃河沿地區收割麥子		公社時期以互助方式割麥	
1597	84	6	生活歌		油菜花	徐州市	以油菜花起興，怨恨媒婆花嘴讓自己嫁個駝背		「……金箱銀櫃嫁姑娘。姑娘命不好，嫁個羅鍋腰。上牀又要背，下牀又要抱。隔牆鄰居你別笑，這是媒婆搗的包」	
1598	85	7	生活歌		大篷車	徐州市	出嫁女兒回娘家，一家歡迎就嫂嫂不高興		「爹出來，接包袱；娘出來，拉出來；哥出來，拉桂口。嫂嫂出來身旁搭，當天夫，不吃你的飯，不喝你的酒。」	
1599	86	8	生活歌		花花轎	徐州市	女子因媒妁之言嫁得辛苦不幸福		「人家坐轎我站著，人家吃飯我刷鍋，刷一遍，鍋底下扒個乾窩窩。……罵聲媒婆咥死我。」	銅山縣〈琉璃蹦蹦搭 戲台〉

總畫編號	地方編號	分類編號	類別	原分類	歌謠名（＊為代表歌謠）	原出處	主旨	形式	備註	異文
1600	87	9	生活歌		十二月姑娘要陪送	徐州市	女子分月唱出所需求的嫁妝請父母準備	十二月歌		邳縣〈要陪送歌〉、新沂〈十二月姑娘要嫁妝〉
1601	88	10	生活歌		花船對歌	徐州市	老漢與乘舟女子的對唱，唱出徐州的地理傳說	小放牛		
1602	89	11	生活歌		三年歌	徐州市	比喻時光飛逝、世事變化甚多		「新三年，舊三年，縫縫補補又三年了，三年的活三年。三年的孩子樓三年，不跑。瓦屋三年樓三年，不進廚房又三年。」	
1603	90	12	生活歌		沙荒民歌1	八集鎮	描述黃土沙厚		「微風三尺沙，黃土埋莊稼。老頭活到八十八，吃的黃土能埋他。」	
1604	91	13	生活歌		沙荒民歌2	八集鎮	描述沙荒地區環境乾涸		「池沙荒，茅草窩，婊尿變成河。」	
1605	92	14	生活歌		沙荒民歌3	八集鎮	風沙之大、難以維生		「哥婆逃荒郭城去，多娘，吊死在梁頭。」	
1606	93	15	生活歌		沙荒民歌4	八集鎮	埋怨父母不該把自己嫁到八（義）集村		「黃沙飛土活死眼，湯子撑死人。」	
1607	94	16	生活歌		沙荒民歌5	八集鎮	沙窩生活難以為繼		「有女不嫁泡沙窩，茅草荒裡受折磨。」	
1608	95	17	生活歌		沙荒民歌6	八集鎮	沙窩生活困難、紅芋為主食		「紅芋飯，紅芋饃，離了紅芋不能活。」	
1609	96	18	生活歌		五更瞧娘	徐州市	女子因娘病重、親手侍奉吃穿、心如刀割	五更調	「……現娘有病我心慌，請來十二個裁縫做衣裳……娘不吃，娘不嘗，烙餅面捲白糖，娘不吃，娘不嘗，小刀鑽心我不忍，娘不吃，娘不嘗，五更裡，小刀鑽心意到，喊聲我娘不知曉。」	

總量編號	地方編號	分類編號	類別	原分類	歌謠名（＊為代表歌謠）	原出處	主旨	形式	備註	異文
1610	97	19	生活歌		大煙燈	徐州市	比喻人一旦吸上大煙，千萬財富都被吸進去		「大煙燈，真是明，照得多少富家翁，大煙牟，尺半長，吸盡了家裡錢和糧。大煙菌蘆頭也不大，樓田瓦舍都裝下。」	
1611	98	20	生活歌		吃黃梨	徐州市	警示人愛妻勝母，更想在百年後隨地華葬，最後被兒童點醒	故事歌		連雲港〈哀小拖篙〉、睢寧、銅山皆有〈花喜鵲〉；另銅山有〈梧桐樹，葉子稀〉
1612	99	21	歷史傳說歌		龐三杰打豐縣	豐縣	以龐三杰攻破豐縣縣城為話題，做為兒童遊戲時的歌謠		「一彈彈，二玩玩，龐三杰，打豐縣。打開豐縣當當典，進了當典要鑒鑾，要了鑒鑾向西南。」	（龐三杰、錫山龐材村人。同盟會會員，於清宣統三年農曆十月十九日率民女克龐城，推翻滿清政權在豐縣的滿清政權。這是破城後流傳在豐縣的兒童游戲時，用櫻桃核彈唱的歌謠。）
1613	100	1	歷史傳說歌		毛家打城	豐縣	反張勛政權的民軍軍隊打豐縣縣城歌		「大毛、二毛單扃擔，六月初一打豐縣。打了七天單人夜，拉起隊伍向西南。」	（大毛是毛思忠、二毛是毛思玉。單軍扃擔是單軍世友的外號，他們是民初豐軍一帶開門的領袖，為了反對張勛復辟，推翻豐縣的縣政權，于民國六年農曆六月初一改打豐縣城，打了七天八夜，沒有打開，就拉著隊伍向西南走了。這是毛系打城後在豐縣流傳的一首的民謠。）

總量編號	地方編號	分類編號	類別	原分類	歌謠名（＊為代表歌謠）	原出處	主旨	形式	備註	異文
1614	101	2	歷史傳說歌		十字歌	徐州市	從一到十的歷史人物歌謠		「正月裡，正月正，領兵排帥移桂英……」	銅山、邳縣〈十字翻〉、〈十個字〉、睢寧〈九個字〉、新沂〈變十字〉
1615	102	3	歷史傳說歌		十二月歌	徐州市	分十二個月唱出歷史英雄故事		「一打白蛇盜仙草，二打獅子共麒麟……」	邳縣〈十二月〉、〈十二月古人名〉、新沂〈十二月古人〉
1616	103	4	兒歌		戒指歌	徐州市	打戒指送親人		「一打白蛇盜仙草，二打獅子共麒麟……」	徐州市〈打鋼子〉
1617	104	1	兒歌		小兒鬥游歌	徐州市	小兒做戰鬥游戲歌，挑人扮游擊隊抗日		「哎！哎！哎！割鬼頭，端炮樓，咱的人馬多又稠。」	
1618	105	2	兒歌		打瓦歌	徐州市	打瓦片時唱的歌謠，以殺日軍為主題		「一炮小日本……鬼下了鄉，今天回不來。」	
1619	106	3	兒歌		捕蜻蜓	徐州市	兒童追逐蜻蜓之樂		日本小鬼，快見閻王……「……一個蜻蜓沒捉住，一下追到沂梁城。」	
1612	107	4	兒歌		月姥娘、亮堂堂	徐州市	女子掌廚，為丈夫與自己特意留各一份，被公婆發現，一家營罵的廚房兒歌		「……叫了五哥菜吃飯，妹妹做的好飯菜。也不鹹，也不淡，兩個嫂子兩碗半，案板底下擺兩碗。小二姐，來洗碗，多也少，娘也罵，兩個嫂子揚胭脂馬。」	銅山縣〈月姥娘、亮堂堂 1〉、銅山縣〈月姥娘、亮堂堂 2〉、連雲港〈兩牆聽話〉
1613	108	5	兒歌		香薺菜	徐州市	夫妻吵架鬧分離、各自營生的生活兒歌		「……兩個口子打架要分開，一個往城裡，一個往城外，一個打燒餅，一個賣熟菜。」	銅山縣〈香杞菜〉

總量編號	地方編號	分類編號	類別	原分類	歌謠名（＊為代表歌謠）	原出處	主旨	形式	備註	異文
1614	109	6	兒歌		小板凳		以小板凳起興的兒歌		「小板凳，歪歪，裡頭坐著裡頭的香，裡頭坐著奶奶出來買菜。姑娘出來磕頭，裡頭生了一個孫猴。孫猴出來打筋頭，打不出佛爺的手指頭。」	銅山縣〈小板凳1〉、〈小板凳2〉
1615	110	7	兒歌		百數歌	徐州市	數字加減歌謠		「一二三、三二一，一二三四五六七，七加八、八加九，九個十個加十一。」	
1616	111	8	兒歌		薑薑芽	徐州市	孫女孝順祖母，引得母親不悅的家庭歌謠		「奶奶吃完我又盛，俺娘猛一哼。」	
1617	112	9	兒歌		小狸貓	徐州市	生活無路者典賣當家與家人的生活兒歌。暗喻各有其價值唯獨妻子不值錢		「……走墨路，斷整纜。走公雞，背叫喚；賣母雞，背下蛋，賣孩子，怪可憐。賣老婆，不值錢。」	
1618	113	10	兒歌		小白雞	徐州市	孤兒獨自成長，好不容易想起母恩，再哭倒墳前		「……娶個花娘接著我，生個兒子叫金良，……金良有病燒，會它湯，多著油，多著薑，花椒尚香都著上，一端老碗未涼汪汪，拿老筷子去提娘，一哭哭到娘墳上。」	銅山〈小白雞2〉、新沂〈小白雞〉
1619	114	11	兒歌		小鞭梢	徐州市	以鞭梢的長短譬喻馬路修好後，婆家與娘家的距離極近		「俺從前，走半天，如今馬路光又寬，駕，一悶眼就到那邊。」	
1612	115	12	兒歌		一個星	徐州市	家中動物協助烹調的廚房兒歌		「狗打水，貓燒鍋，老鼠玩裡竈窩，蒸熱給他個。」	連雲港〈女兒出嫁媽莫哭〉、〈貓燒火〉、銅山縣〈牆頭草〉

總彙編號	地方編號	分類編號	類別	原分類	歌謠名（＊為代表歌謠）	原出處	主旨	形式	備註	異文
1613	116	13	兒歌		蓮蓮開花十三朵	徐州市	以蓮開花十三朵起興，唱出母親生病孩子爲之心焦的兒歌		「……俺娘從小拉巴我，吃娘的奶，報娘的恩，長大不給娘親爲誰親？娘病了，俺心疼……」	徐州市〈五更瞧娘〉
1614	117	14	兒歌		小老鼠	徐州市	小老鼠因貪吃撑斷牙，卻引來蛤蟆來弔孝		「大老鼠哭，小老鼠叫，一群蝦蟆來弔孝，一人給個小孝帽。」	
1615	118	15	兒歌		小白雞	徐州市	形容女子剪紙手藝靈巧			邳縣〈張家娶個小巧人〉、連雲港〈張家娶個小巧人〉、新沂〈小火筒〉、連雲港〈小火筒〉
1616	119	16	兒歌		小喜鵲	徐州市	諷刺人子娶妻忘母		「……老娘喝稀米粥，媳婦喝的母雞湯。老娘穿的破棉襖，媳婦穿的花的花衫。老娘睡張光光板，媳婦睡張雕花床。」	連雲港〈朱溫弒親〉、〈黃小拖疤〉、睢寧、銅山皆有〈花喜鵲〉；另銅山有〈梧桐樹，葉子稀〉、徐州〈吃黃梨〉
1617	120	17	兒歌		黑豆豆	徐州市	唱出各種穀物外貌不揚，但功用頗大		「別看高粱長得醜，麵來能蒸酒。別看芝麻禿子頭，不能磨麵而能煉油。」	
1618	121	18	兒歌		撿了一旋泥	徐州市	以小麻雀起興，唱不賢婦人挑三揀四害遭丈夫，最後落得撿到泥中。	頂真兒歌	「買來粉，地不搽；買來襪，地不穿；捧著漢子去買鍋，地不做；捧著漢子切，買來肉；地不買車，捧著漢子去買驢，不叫地騎；地騎驢，走到漫窪裡，撿了一身泥。」	

總彙編號	地方編號	分類編號	類別	原分類	歌謠名（＊為代表歌謠）	原出處	主　旨	形　式	備　註	異　文
1619	122	19	兒歌		小豆芽	徐州市	外婆殺雞卻被小狗偷吃了		「……貓看清，狗提上。姥娘罵了一後晌。姥娘你別罵，我給你做個小花鞋。」	
1620	123	20	兒歌		小鯉魚	徐州市	小鯉魚躍龍門成仙		「一直氣到龍宮門，一步一個蓮花盆，蓮花盆裡三朵蓮花，朵朵蓮花都有我。」	
1621	124	21	兒歌		金豆芽、銀豆芽	徐州市	以金豆芽、銀豆芽為興，唱小女娃在家中受寵		「……俺是爹的抱酒罈，俺是娘的白大娃，奶奶拿板凳，俺爺爺拿煙袋。」	〈小缸襖〉
1622	125	22	兒歌		摘葫蘆	徐州市	小孩與母親摘理野菜飼養家中家畜	頂真兒歌	「我跟媽媽摘葫蘆、葫蘆、拔大蔥，大蔥菜，地瓜：地瓜粗，喂母豬，母豬叫，不吃草，吃個泡。」	
1623	126	23	兒歌		小花花	徐州市	花花跟父母上河南逃難，但有吃食時父母都沒留給他		「篩大米、做乾飯，爹親看、娘親看，氣得花花直冒汗，花花氣得搭鍋巴，小頭碰個大疙瘩。」	
1624	127	24	兒歌		篩籮籮	徐州市	外甥到家裡看外婆，卻受舅媽排擠		「姥娘沒在家，吱哇哇，吱哇哇鍋屋裡，個老母雞，吱哇門後頭，變個老巴牛。」	
1625	128	25	兒歌		白大姐拾棉花	徐州市	白姐拾棉花拾到甜瓜，家人急著吃卻咬到她		「白大姐白姐別哭，給你買個貨郎鼓，白天零馬猴兒，黑天嚇馬猴。」	

總量編號	地方編號	分類編號	類別	原分類	歌謠名（＊為代表歌謠）	原出處	主旨	形式	備註	異文
1626	129	26	兒歌		小毛孩	徐州市	無母小孩生活困難		「咋不煮吃？沒有柴火。咋不上樹捊乾棒？拉爛了俺的衣裳。娘補補？俺娘死啦！……親娘來，哭死我。……啥時哭到太陽落！」	邳縣〈小紅孩〉、新沂〈小紅孩兒提紅籃兒〉、睢寧〈小紅孩拾竹籃〉、銅山〈小紅孩〉、連雲港〈小公雞〉
1627	130	27	兒歌		小叭狗1	徐州市	小巴狗賣葛條養爺爺奶奶的生活兒歌		「……急待小狗啃鍋沿。小狗小狗你別急，剩下鍋巴是你的。」	銅山縣〈小巴兒狗〉、邳縣〈小紅狗〉、新沂〈小巴狗1〉、連雲港〈小巴狗2〉
1628	131	28	兒歌		小叭狗2	徐州市	小叭狗主人去摘南瓜，發現親家來了，誇讚自己兒賢慧。		「大鍋裡頭燒的湯，小鍋裡頭炸芝麻。小狗小狗你別咬，親家來了咋不好？芝麻炸你別炸，俺陪親家說會話。你閨女、還怪巧，……」	連雲港〈隔牆聽話〉、〈天上小雨嘩嘩嘩〉、〈勸小姑〉
1629	132	29	兒歌		花喜鵲尾巴長	徐州市	老人以為養兒防老，知兒子娶妻忘娘		「養兒養女防身老，不料到頭來一响空。」	睢寧〈花喜鵲尾巴長〉、銅山、邳縣皆有〈花喜鵲〉；另銅山有〈梧桐樹〉、萊子稱〈花喜鵲；連雲港較完整〈花喜鵲1〉、〈花喜鵲2〉
1630	133	30	兒歌		泡桐樹五把粗	徐州市	全新的生活環境		「泡桐樹，五把粗。綿羊蓋子豬，三轉一响還不算，瓦屋，遠些東西還不算，沒有零件和廢物。」	

總彙編號	地方編號	分類編號	類別	原分類	歌謠名（＊為代表歌謠）	原出處	主旨	形式	備註	異文
1631	134	31	兒歌		小女婿尿床	徐州市	女子嫁給小丈夫，要忍受小丈夫尿床		「……驚勢那邊摸摸的，來到床底摸魚忙：先摸一只扁番簿塊，又摸一只床榔。」	銅山縣〈尿床女婿〉、新沂〈焦大姐〉
1632	135	32	兒歌		小老鼠白肚皮	徐州市	小老鼠日漸肆喜唐破壞家具，於是找貓來抓小鼠		「小老鼠，白肚皮，從小養成壞脾氣……叫貓貓，你快來，咬住這個小禍害。」	
1633	136	33	兒歌		風婆婆	徐州市	寫風的兒歌		「風婆婆，刮風來。拿麻線，扎口袋。扎不住，刮您的樹。扎不歇，刮您的秸稈。」	新沂〈風婆〉
1634	137	34	兒歌		小白妮	徐州市	女子小心藏繡鞋仍被看出小腳而受婆家喜歡		「小白妮，溜玩沼，洗白手，描花鞋……」	新沂〈小大姐，靠河埃〉、銅山〈老母豬溜河淮〉
1635	138	35	兒歌		胡謅歌	徐州市	顛倒事理歌			連雲港〈東西大街南北走〉、〈反唱歌〉、〈倒倒語〉、新沂〈十八扯〉、〈倒八歌〉、〈說空話〉、〈顛倒歌〉、邳縣〈顛倒歌〉
1636	139	36	兒歌		小棗樹	徐州市	毛妮拾棉花拾到甜瓜，家人急等吃卻咬到她。		「白妮白姐你別哭，給你買個貨郎鼓。白天來耍玩耍兒，黑夜嚇馬猴。」	〈白大姐拾棉花〉
1637	140	37	兒歌		滿天星	徐州市	以滿天星起興，兩女討論陪嫁		「俺問大姐您要啥？大姐說：金櫃裡要衣裳，描問多娘要對金膝，拉尾巴星上去送進。」	

總量編號	地方編號	分類編號	類別	原分類	歌謠名（＊為代表歌謠）	原出處	主　旨	形　式	備　註	異　文
1638	141	38	兒歌		月姥娘，黃巴巴	徐州市	以月亮起興，描述小孩吵著吃奶，引來大人不耐煩		「……爹織布，娘紡紗，小毛頭，要吃媽。拿把尖刀剁給他，掛在脖裡等吃去吧！」	
1639	142	39	兒歌		寶貝蛋	徐州市	諷刺人只抱著寶物如何維生		「寶貝蛋，夜明珠，天上掉個稀罕物，抱個寶貝蛋，做個飯，做個女媧娥。」	連雲港〈小船〉
1640	143	40	兒歌		小茶盅	徐州市	師徒相承、相扶相應		「……師傅傳我好恩情，我圖師傅傳好恩情……」	
1641	144	41	兒歌		換親歌	徐州市	女子因父母作主換親而嫁給不適合的女婿		「多娘跟了心，為我換了親。嫁的個女婿嚇死人，一天幾遍打又罵，不如一死省了心。」	連雲港〈哄小乖〉
1642	145	42	兒歌		娃娃睡	徐州市	母親趁寶寶睡覺去準備吃食。		「……娃娃笑，娘給整個白丫丫。娃娃打哇哇，娘給格個白丫丫。」	
1643	146	43	兒歌		小槐樹	徐州市	藉看戲看到鄰女訴苦女婿不成材		「妮，妮，哭啥咧？嫁的女婿不成材。三天兩頭不家來，到黑來，又喝又抹牌。這個孩子捎集，不給孩子捎個境研沒芝麻，氣得小孩打揍哇！」	連雲港〈小槐樹2〉、〈槐樹底下搭搭台〉
1644	147	44	兒歌		紅眼綠鼻子	徐州市	妖怪歌，用來嚇小孩		「紅眼綠鼻子，二十四只毛蹄子，走路乒乓響，停下要活命孩子。」	
1645	148	45	兒歌		月姥娘圓又圓	徐州市	歌頌游擊隊英雄劉胡蘭、劉繼光、董存瑞為主題的兒歌			邳縣〈專打敵人司令部〉

總量編號	地方編號	分類編號	類別	原分類	歌謠名（＊為代表歌謠）	原出處	主旨	形式	備註	異文
1646	149	46	兒歌		兩個矮子	徐州市	以「ㄩㄝ」為韻腳的繞口令			
1647	150	47	雜歌		八兄弟分工	徐州市	一蓬僧換工，結果一事無成			銅山縣〈外行不能充內行〉
1648	151	1	雜歌		大實話	徐州市	世間無可扭曲的真理		「天怕浮雲地怕荒，忠臣怕昏君。做官都怕民遭難，五穀幼苗怕枯霜……」	銅山〈二十五怕〉、〈十三怕〉、雎寧〈新怕字歌〉〈十二月講實話〉、連雲港〈十怕〉
1649	152	2	雜歌		彭城古蹟歌	徐州市	彭城古蹟			〈搖大糖歌〉
1650	153	3	雜歌		唱藥名	徐州市	賣藥者唱念出各種藥名及療效			
1651	154	4	雜歌	儀式歌	二十四節氣歌	徐州市	描述每個節氣的景色變化			
			雜歌	儀式歌	八過歌	徐州市	以四季對應風花雪月，描述各種景色變化